GEHT DIE WELT
ZUGRUNDE

Monika Gräfin Metternich

Vom Geheimnis
guten Stils

Vornehm

GEHT DIE WELT ZUGRUNDE

Monika Gräfin Metternich

VOM GEHEIMNIS GUTEN STILS

Für Franz Joseph

Bibliographische Information der Deutschen Bibliothek

Die Deutsche Bibliothek verzeichnet diese Publikation in der Deutschen Nationalbibliographie; detaillierte bibliographische Daten sind im Internet über http://dnb.ddb.de abrufbar.

© 2011 by Sankt Ulrich Verlag GmbH, Augsburg
Alle Rechte vorbehalten
Umschlagbilder: © Birgit Reitz-Hofmann, © Elnur – Fotolia.com
Umschlaggestaltung: uv media werbeagentur
Mediengruppe Sankt Ulrich Verlag, Augsburg
Druck und Bindung: Bercker Graphischer Betrieb GmbH & Co. KG, Kevelaer
Printed in Germany
ISBN: 978-3-86744-200-8
www.sankt-ulrich-verlag.de

INHALT

Einleitung 7

Stil – eine virtuose Angelegenheit 14

I. Was beim Tanz der Takt ist:
Prudentia (Klugheit) 19
    Gastfreundschaft als Königsdisziplin 24
    Auf Augenhöhe tafeln 35
    Vom gefürchteten Glatteis des Smalltalks 46
    My home ist my castle 56

II. Mehr als political correctness:
Iustitia (Gerechtigkeit) 63
    Fair play – vom schönen Kern des Stils 68
    Kaiser, König, Edelmann, Banker, Kellner, Müll(er)mann 75
    Bettler, Arme, Outcasts – wenn Stil Gesicht zeigt 82
    Sorry, Pardon, Entschuldigung 88

III. Die rechte Mischung macht's:
Temperantia (Mässigung) 96
    Allzu viel ist ungesund 103
    Dresscodes – was Stil und Pomp unterscheidet 109
    Sex and the City – Lust, Leidenschaft und Stil 118
    Schenken nach Maß 126

IV. Schwimmen gegen den Strom:
    Fortitudo (Tapferkeit) 138
    Vom Stil des Starkmuts 143
    Gelassenheit – mehr als Contenance 149
    Im Theater des Bösen 155
    Courage – gelebte Tapferkeit 161

V. Finale 168

Einleitung

Stylisten, Stilberater, Stilbücher und Stilregeln – Stil hat Konjunktur. Wer will schon *geschmacklos, abgeschmackt, formlos, albern, gemein, gewöhnlich, kitschig* oder *platt*, um nur einige Synonyme für das vernichtende Attribut „stillos" zu nennen, daherkommen? Eine rhetorische Frage. Natürlich niemand. Spätestens seit den 60er Jahren ist es allerdings auch nicht mehr besonders en vogue, „vornehm" zu erscheinen. Allzu oft klingt da ein Hauch von Dünkel, Hochnäsigkeit und Abgrenzung mit, von versteinert-elitärem Konservativismus, der mehr Wert auf die Bewahrung eines erreichten Status als auf sich frei entwickelnde Individualität legt, was letztlich so gar nicht mit dem von nahezu jedem erstrebten „Stil" zusammenpassen will. Was genau ist eigentlich Stil? Wer legt seine Regeln fest und woran erkennt man ihn, ohne zuvor auch nur einen Stilratgeber gelesen zu haben? Ein Beispiel aus dem Mutterland des Stils soll uns einleitend helfen zu erkennen, dass das alles gar nicht so einfach ist.

Es ist die wohl gemeinste „urban legend" im englischsprachigen Raum und bestimmt ist kein wahres Wort daran: Über Baroness Thatcher, die frühere englische Premierministerin, welche besser bekannt ist als „die eiserne Margret", wird nämlich hinter vorgehaltener Hand gewispert, dass sie sich zwar mit ungeheurem Ehrgeiz all jene Attribute angeeignet habe, welche in England die Zugehörigkeit zur „Upper Class" manifestieren: Akzent, Dresscode und Manieren, deren annähernd wichtigste

Regel wiederum ist, niemals in Gesellschaft über Politik, Religion, Sex, Körperausscheidungen oder ekelerregende Krankheiten zu smalltalken. Doch trotz ihrer unbestreitbaren politischen Bedeutung und selbst nach ihrer Erhebung in den Adelsstand durch Königin Elisabeth II. soll es ihr nicht gelungen sein, Teil jenes fast undurchschaubaren Systems zu werden, welches nach wie vor im Verdacht steht, den europäischen Stil zwar nicht erfunden, so doch bis in kleinste Details entwickelt zu haben. Der Grund dafür klingt ebenso absurd wie skurril: Baroness Thatcher soll nämlich stets, wenn sie jenes Örtchen besuchte, auf welches sich selbst die Queen zu Fuß begibt, zartbesaitet von „toilet" gesprochen haben. Wer in England zur „vornehmen Gesellschaft" gehören will, sagt jedoch „loo", also schlicht und brutal: Klo. Alles andere ist no-go.

Ob die Geschichte nun stimmt oder nicht – ihr Kern ist wahr. Durch nichts kann man sich in England „stilvoller" ins gesellschaftliche „out" katapultieren als durch falsche Ausdrücke. Lange habe ich darüber nachgedacht, warum jene, die sich zur englischen Oberschicht zugehörig fühlen, dieses delikate Thema betreffend einen derart rüden Sprachstil pflegen. Nancy Mitfords Erklärung, dies sei auf eine Grenzziehung des englischen Adels gegenüber der aufkommenden „feinen" Bourgeoisie zurückzuführen, konnte mich nie wirklich überzeugen, da sich die englische Oberschicht ja nicht nur aus der Aristokratie zusammensetzt. So brach ich also kürzlich mutig ein strenges Smalltalk-Tabu (das stilistischen Sprengstoff beinhaltende Mobiliar dient ja bestimmten Körperausscheidungen und gilt deshalb dem gängigen Stil-Kodex zufolge nicht als geeignet für Tischgespräche). Ich fragte bei einem Essen in der Normandie kurzerhand meinen

Tischherrn, einen englischen Lord, warum wohl der Gebrauch des unschuldigen Wörtchens „toilet" derart ausgrenzende Kapazitäten beinhalte. Er runzelte kurz die Brauen und verblüffte mich dann mit der denkbar einfachsten Antwort: „Because it is French!" Was wie das Ei des Columbus klingt – darauf wäre ich nie gekommen. Die Wurzeln dieser sprachlichen Ablehnung reichten, wie der Lord auf meinen überaus verblüfften Gesichtsausdruck hin weiter ausführte, zurück in die Zeit, als im Jahre des Herrn 1066 der Normanne Guillaume, besser bekannt als William der Eroberer, seinem Namen alle Ehre gemacht und England unterworfen hatte. Mit diesem historischen Ereignis, von dem der prachtvolle Wandteppich im französischen Bayeux noch bilderreich erzählt, änderte sich das Leben des Ur-Inseladels eklatant. Seine Ländereien wurden komplett enteignet und an normannische Ritter als Lehen übergeben, welche dann den „neuen Adel" Englands begründeten. Französische Elemente in die englische Sprache einzubringen – was in anderen Ländern durchaus elegant und stilvoll daherkommt! – gelte, so der normannengeschädigte Lord beim Diner in der Normandie, für die damals lädierten Familien als neureich und anbiedernd. Viele Engländer aber – ob „neu"-, klein- oder überhaupt nicht adlig – übernehmen bis heute diesen recht abgefahrenen, uralten Sprachkodex, um so vom ungebrochenen Nimbus der ältesten Familien des Landes profitieren – und Unwissende recht bequem ausgrenzen zu können. Wer also in England „toilet" statt „loo", „pardon" statt „sorry" und „serviette" statt „napkin" sagt, gilt als „out" – auch wenn nur die wirklichen „Insider" wissen, warum das eigentlich so ist. „Vornehm geht die Welt zugrunde" – besser kann man es kaum illustrieren: Der englische Uradel, vor tausend Jahren entmachtet und bestohlen, gibt bis zum heutigen Tag vor, wer vornehm ist und wer nicht. Solche Beständigkeit hat Stil.

Das englische Beispiel zeigt aber, dass es ziemlich sinnlos ist, kaum nachvollziehbare Gruppenzusammengehörigkeitsriten in der Hoffnung für sich zu adaptieren, dadurch selbst stilvoller zu wirken. Man kann dabei leicht Fehler machen und schlimmer: In den Augen derer, die wirklich zu der besagten Gruppe gehören, macht man sich eigentlich lächerlich, wenn man ihre Traditionen ahnungslos übernimmt, um mehr zu scheinen, als man ist. Der nächste Fehltritt lauert bereits erbarmungslos. Besser ist es, selbst Stil zu entwickeln. Denn – zumindest wird das die These dieses Buches sein – Stil hat nichts mit Klassen zu tun, nichts mit Abgrenzung und auch relativ wenig mit „feinem" Benehmen, das sich schließlich über die Jahrhunderte eklatant verändert. Im 18. Jahrhundert galt beispielsweise in Frankreich die Mode, seinen Kaffee aus der Untertasse zu schlürfen, als Gipfel aristokratischer Eleganz. Als sich dieser Ausweis von „Vornehmheit" schließlich bis ins abgelegenste Bauernhaus herumgesprochen hatte und fast überall in Europa (außer in England, natürlich) nachgeahmt wurde, war sie in der französischen „höheren Gesellschaft" längt passé und Zeichen besonderer Peinlichkeit. Man sieht, auf Benimmregeln – auch auf aristokratische – ist in der Regel kein dauerhafter Verlass. „Stil" ist hingegen eine völlig andere Kategorie.

Dies verstand ich ganz neu, als neulich jemand beiläufig davon erzählte, eine religiöse Andacht sei überaus „stilvoll" gewesen. Ich fragte verblüfft nach, was „Stil" in diesem Zusammenhang wohl bedeuten könne. Die Antwort überzeugte mich sogleich von innen heraus – und zwar in einem umfassenden Sinn: „Es geht um Harmonie – daran orientiert sich nicht der Stil, sondern sie ist das Ziel des Stils." Eine wirklich feinsinnige Definition, für die ich an dieser Stelle dem Seminaristen Markus Schmitt sehr danken möchte und welche Erwägung auch in einem größeren als allein dem liturgischen Kontext verdient. „Stil" wäre danach eine große Bewegung hin auf das Ziel, welches der Philosoph Plotin wohl mit „das Eine" bezeichnet hätte. Vollkommene Harmonie. Stil „macht" keine Leute – sondern führt sie zu einer universalen Bestimmung. Wünschen wir uns nicht alle im tiefsten Herzen Gleichklang mit „Gott und der Welt" und vor allem mit den Menschen, denen wir in den unterschiedlichsten Kontexten begegnen? Wir werden sehen, dass Stil in diesem „zeitlosen" Sinne durchaus auch ein Korsett von Regeln benötigt. Diese orientieren sich aber nicht an Konventionen, die heute „in" und morgen „out" sein könnten, sondern an universalen Werten. Sie sind zeit- und modeunabhängig. Sie dienen weder dem Hedonismus noch dem Selbstbewusstsein, dem persönlichen Fortkommen und am wenigsten der Abgrenzung in Form einer „splendid isolation". Wenn Stil gleichsam das Vehikel ist, mit dem umfassende Harmonie zu erreichen ist, dann muss er unabhängig von Klassen, Herkunft, finanziellen Möglichkeiten oder zeitgebundenen Benimmregeln anstrebbar sein und eine Tiefe aufweisen, die jenseits von modischem, teurem, historischem oder abgrenzend-unerlernbarem Schnickschnack liegt.

Obwohl der Adel – wie auch alle anderen gesellschaftlichen Gruppierungen – durchaus seine nach dieser Definition „stillosen" Abgrenzungen pflegt, wird ihm verblüffenderweise immer noch eine besondere Qualifikation zugetraut, über „Stil" zu sprechen, respektive zu schreiben. Wenn auch wöchentlich die bunten Gazetten in Großbuchstaben über bestimmte Aristokraten berichten, welche ihre Notdurft an Ausstellungsgebäuden verrichten, mit Löchern in den Strümpfen in Moscheen abgelichtet werden oder öffentlich ihre Ehepartner betrügen, wird dem Adel doch immer noch eine gewisse Stilkompetenz zugewiesen, ungeachtet der Tatsache, dass es kaum eine Bevölkerungsschicht geben dürfte, die weniger über Stilfragen nachdenkt als diejenige, in welche ich zufällig hineingeboren wurde. Vielleicht ist der größte Vorteil des Adels bei diesem Thema die seit Jahrhunderten kultivierte Leidenschaft für den Tanz. Denn das Erlernen von Stilbewusstsein ist in der Tat wie das Einüben eines komplizierten Reigens, dessen Beherrschung einige feste Regeln benötigt. Oft kommt man auf dem Weg zur angestrebten Meisterschaft ins Stolpern, aber die Mühe des Weiterübens lohnt sich für den Moment, in dem der Tanz leichtfüßig und scheinbar ohne jede Anstrengung gelingt. Stil führt Menschen harmonisch zusammen, bereitet allen Beteiligten Vergnügen und entfaltet schließlich bei Könnern seinen Charme durchaus auch in der Improvisation. Die Musik repräsentiert im Vergleich von Stil und Tanz das universale, harmonische Prinzip, dem der Stil als Lebenskonzept folgt. Kein Wunder, dass gerade Taktgefühl die wichtigste Voraussetzung nicht nur beim Tanzen, sondern auch für den Stil ist.

Der Richtung nachzugehen, auf deren Ziel hin echter Stil gerichtet sein soll, wird also Inhalt dieses Buches sein. Dabei will ich mich keineswegs als kasuistischer „Tanzmeister" aufspielen. Dieses Büchlein soll eher ein Notbehelf, ein Hilfsmittel in der Einübung des Stils oder einen Weg der vorläufigen Annäherung darstellen. Wie könnte es auch mehr sein? Wer Tanzanleitungen schon für den Tanz selbst hält, fiele einer traurigen Verwechslung von Modell und Wirklichkeit zum Opfer. Der zudringlich erhobene Zeigefinger vieler Stilbücher scheint mir ein Ausdruck davon zu sein, dass das Verständnis vom Wesen des Stils weitgehend abhanden gekommen ist. Ein Stilbuch, das Verbots- und Warntafeln aufstellt, verkennt nämlich das Maß jeden Stils: die Klugheit des sich mündig entscheidenden Menschen. In diesem Falle – des Lesers.

„Klugheit ist die helle Entschlossenheit dessen, der sich dafür entschieden hat, die Wahrheit zu tun", sagte der Philosoph Josef Pieper, dem ich – obwohl ich nicht einmal weiß, ob er gerne tanzte – viel von dem verdanke, was ich über das Wesen des Stils erahne. Aber auch ich bin noch auf dem Weg des Tanzschülers – begeben wir uns also gemeinsam auf das Parkett des „Stiltanzes".

STIL –
EINE VIRTUOSE ANGELEGENHEIT

But what is liberty without wisdom,
and without virtue?
It is the greatest of all possible evils;
for it is folly, vice and madness,
without tuition or restraint.
EDMUND BURKE

Was ist eigentlich „Stil"? Neulich diskutierte ich im Freundeskreis diese Frage als allererste Recherchevorbereitung für dieses Buch. „Stil", sagte der eine, „äußert sich in einer bestimmten Haltung." – „In welcher genau?" fragte ich empirisch interessiert zurück. „Naja, du weißt schon…" Gleich war eine wilde Debatte im Gang. Stil könne man an der Kleidung erkennen. An bestimmten Redewendungen. An den geputzten Schuhen. An der Zurückhaltung. Es gab aber keine wirkliche Einigkeit über die einzelnen Punkte. „Ach, stell dich doch nicht dumm", meinte eine Freundin schließlich, „du weißt genau, was Stil ist. Es ist dieses ‚je-ne-sais-pas-quoi'!" Was zu Deutsch bedeutet: Dieses „Ich-weiß-nicht-was". Das konnte ja heiter werden. Also konsultierte ich zunächst zahlreiche am Markt befindliche Stilbücher, um zumindest einmal den momentan herrschenden Trend zu checken.

Gängige Berater sehen im Stil vor allem ein Mittel zum Zwecke des persönlichen Fortkommens oder des sich Integrierens in ein vorgegebenes System, ohne dessen Beherrschung man „außen vor" bleibt und nicht dazugehört. Um als „stilvoll" zu gelten, solle man Kleiderordnungen beherrschen, sich bei Tisch der richtigen Gerätschaften zur richtigen Zeit zu bedienen wissen, keine Themen anschneiden, die als „stillos" verrufen sind, sowie insgesamt ein smoother, angenehmer Zeitgenosse sein, der nirgendwo aneckt. Wer oder was aber bestimmt, woran sich „richtig" orientiert, war nicht zu erkennen. Jeder Stilführer schien sich da ganz selbstverständlich als sein eigener dogmatischer Stilpapst zu gerieren. Als „stilvoll" empfunden werden des weiteren geschmackvoll eingerichtete Häuser und Wohnungen, schön gedeckte Tische und gepflegte Konversation – wobei die Geschmäcker da so weit auseinandergehen, dass dem einen genau das als besonders „stilvoll" begegnen kann, was dem anderen als schockierender Stilbruch erscheinen mag. Das half also auch nicht wirklich weiter. Also konsultierte ich zunächst einige Philosophen.

„Stil ist ein richtiges Weglassen des Unwesentlichen", bemerkte Ludwig Feuerbach, der jedoch eher als gnadenloser Religionskritiker denn als Stilexperte in die Annalen eingegangen ist. Natürlich hatte er vollkommen recht – nur woher wissen wir mit Sicherheit, was das Wesentliche ist, auf dass wir nicht versehentlich die „richtigen" Maximen über Bord werfen, weil wir sie für die „falschen" halten? Ziehen wir einen anderen Meister zu Rate, den Philosophen Friedrich Nietzsche. Wie kein anderer ist er dafür verantwortlich, dass wir uns mit solchen Fragen überhaupt herumschlagen müssen, statt mit traumwandlerischer Sicherheit einem Wertkonzept zu folgen, welches unsere Kultur und damit jenes Phantom „Stil"

traditionell prägt: „*Den Stil verbessern – das heißt die Gedanken verbessern und gar nichts weiter*". Das ist natürlich ein großartiger philosophischer Tipp, hilft jedoch auch nicht weiter. Denn wer sich fragt, welche der vielen Gerätschaften neben seinem Teller nun für die Vorspeise bestimmt ist, ob ein Ikebana-Gesteck auf dem Tisch stilvoller wirkt als eine Nymphenburger Porzellankopie, oder was er zum Empfang des Bürgermeisters anziehen soll, um nicht unangenehm aus dem Rahmen zu fallen, dem hilft es auch nicht weiter, zunächst einmal sein Denken darauf zu prüfen, wo sich vielleicht ein verbesserungswürdiger Gedanke verbirgt. Die bei weitem hilfreichste Erwägung fiel wohl dem Sänger Max Raabe, der nun gerade kein Philosoph ist, ein: „*Ich schätze Stil, aber an einem Menschen interessieren mich andere Dinge. Was nützt mir jemand, der Stil hat, aber einen ganz unangenehmen Charakter? Da ist mir der schludrige Typ mit Herz lieber.*" Bingo! Das kann wohl jeder von uns unterschreiben. Denn das stilvollste Ambiente, in dem wir empfangen werden, kann zur Hölle werden, wenn wir uns darin nicht wohlfühlen. Das „gute Gefühl", das sich einstellt, wenn wir korrekt gekleidet an einer harmonisch gedeckten Tafel sitzen, an welcher wir fein aufeinander abgestimmte Gerichte mit den richtigen Besteckteilen zu uns nehmen, kann durch ein einziges falsches Wort zerstört werden, das uns das Gefühl gibt, zur falschen Zeit am falschen Ort zu sein, möge er auch noch so stilvoll anzusehen sein. „Stil" hängt ausschließlich an Menschen, nicht an Dingen. „*Der Stil ist die Physiognomie des Geistes. Sie ist untrüglicher als die des Leibes*", erweiterte Arthur Schopenhauer diese Perspektive – und wir wollen hinzufügen, dass ein stylisher Geist durchaus leibliche und materielle Auswirkungen zeitigen kann. „Mens sana in corpore sano" („In einem gesunden Körper wohnt ein gesunder Geist") mag für gröbere Sportarten gelten – für den Reigen des Stils gilt das Gegenteil: Ein guter Geist sorgt für einen virtuosen Stil – in jeder Hinsicht.

Aber was genau besagt „virtuos"? So leicht und beschwingt kommt das Wort daher, scheinbar mühelos auf den Schwingen der Genialität schwebt das Wort herbei. Man hört Musik im Hintergrund und spürt förmlich die innere und äußere Bewegung, welche sie erzeugt. Nicht unbeherrschtes, formloses Free-Style-Herumwedeln, sondern federleichte, beherrschte Kraft. „Virtus" ist sein Stammwort, das im Lateinischen einen starken, männlichen Klang hat – während seine Repräsentantinnen weiblich sind und bereits das Ineinander von männlichem und weiblichem Prinzip andeuten, das die Virtuosität wie einen Tanz erst zu dem macht, was sie ist: Umfassend harmonisch, künstlerisch, bewegt. Von der italienischen Leichtigkeit, mit der „virtuos" in den germanischen Sprachgebrauch transferiert wurde, scheint sie nichts zu haben, die Tugend, die im Deutschen schließlich zur „Tüchtigkeit" mutiert ist. Fast möchte man sich hustend abwenden angesichts der Staubberge, die sich auf ihr festgesetzt haben und schon bei vorsichtiger Betrachtung aufgewirbelt werden. Das mit züchtig niedergeschlagenen Wimpern am Ofenfeuer strickende Hausmütterchen taucht vor unserem geistigen Auge auf, der streng dreinblickende, wohlanständige Herr des Hauses im korrekten Gehrock und mit unsichtbarem Stock im Rücken, die ängstlich dreinblickend im schwarz-weißen Oval angeordnete perfekte Familie – Tugend wie aus dem deutschen Bilderbuch. Oder wie der große deutsche Philosoph Immanuel Kant dem feingeistigen, antiken Gebilde seinen urdeutschen Stempel aufdrückte: Pflicht. Tugend, die so „virtuos" daherkommt wie der zur unsäglich mühsamen Fingerübung verurteilte Klavierschüler. Und das soll unser Schlüssel zum Stil sein? Staubtrockene Pflicht? Klappen Sie das Buch nicht zu. Denn es gibt einen Ausweg, der Erfrischung verspricht: zurück zu den Quellen. Aristoteles heißt nämlich der griechische Philosoph, der das Grundgerüst des europäischen Stils gleichsam erfunden hat. Für die Tugend finden sich nämlich im Griechischen zwei Begriffe: *Dynamis*, die Bezeichnung für die dem Menschen inneliegende Kraft und Stärke, und *areté*, der Superlativ von „gut", oder wie wir heute sagen würden „best of". Tugend galt in der Antike als *ultimum potentiae*, das Großartigste also, zu dem ein Mensch bestimmt sein kann. Sollte man heute einen Werbeslogan für die aristotelischen Tugenden erstellen, so hieße der Spot: „Weck die Kraft, die in dir steckt – werde, wie du bist". Stilvoll bis in die Fingerspitzen, sozusagen. Da haben wir also mal einen konkreten Ansatzpunkt für den Stil.

Prudentia, Iustitia, Temperantia und Fortitudo: Prachtvoll kommen sie daher, die „Grundschritte" allen Stils: die Klugheit, die Gerechtigkeit, die Mäßigung und die Tapferkeit. In Camuñas nahe der spanischen Stadt Toledo werden sie noch jedes Jahr nach altem Volksbrauchtum in farbenprächtigen Prozessionen als die „tanzenden Tugenden" dargestellt – hier finden wir also noch die lebendige, kraftvolle Virtuosität leibhaftig dargestellt, die wahren Stil prägt. Stil und Tanz verbinden sich hier zum virtuosen Reigen. Folgen wir seinem „Rhythmus" und seinem Takt – lernen wir die wichtigsten „Tanzschritte des Stils" kennen – und ihre Stolperfallen. Und dann wollen wir sie an verschiedenen Stilfragen praktisch erproben. Übung macht den Meister.

I. Was beim Tanz der Takt ist: Prudentia (Klugheit)

> *I. Les tiroirs.*
> *Révérence à sa dame.*
> *Révérence à la dame voisine.*
> *En avant et en arrière.*
> *Tour de main droite.*
> *Retraversez.*
> *Tour de main.*
> *Révérence à sa dame.*
> *Révérence à l'autre dame.*

Meinen ersten Eindruck von der zuweilen schneidenden Eleganz der französischen Sprache erhielt ich anlässlich einer eindrucksvollen Geschichte über mangelnden Stil, die mein Vater uns Kindern zuweilen erzählte. Er selbst hatte sie von seiner legendären Gouvernante Reia aus einem Büchlein vorgelesen bekommen, an dessen Titel er sich zwar nicht mehr erinnern konnte, das aber offenbar so großen Eindruck hinterlassen hatte, dass er die besten Geschichten daraus an seine Kinder weitergab – was man sonst nicht von allen Erziehungsprinzipien der strengen Kinderfrau sagen kann. Diese eine handelte von einem französischen Minister, der bei einem Galadiner zur Rechten neben der einflussreichen, hochintellektuellen Schriftstellerin Madame de Staël placiert war – und zur Linken neben der hinreißend schönen Julie Récamier, nach welcher später sogar ein besonders zierliches Möbelstück benannt wurde. Beseelt vom Wunsch, beiden Damen aufs Eleganteste zu huldigen und sich selbst in das Licht des perfekten Gentlemans zu setzen, hob er, seinen Kopf eifrig nach rechts und links wendend, also an, kaum, dass alle Platz genommen hatten: „Heute Abend habe ich die Ehre, zwischen der Klugheit und der Schönheit sitzen zu dürfen". Ohne Verzug gab Madame de Staël, die solchermaßen als hässlich titulierte „Klugheit" trocken zurück: „Sans avoir ni l'un ni l'autre" – „ohne das eine oder das andere zu besitzen". Weder Klugheit noch Schönheit hatte er also selbst, der arme Tölpel. So viel ungehobelte, „vornehme" Dummheit hatte keine charmantere Antwort verdient.

Ein wesentlicher „Grundschritt" des Stils ist nämlich die Klugheit. Sie ist gleichermaßen der Takt, der alle anderen Schritte vorgibt und begründet. *Prudentia*, wie ihr lateinischer Name lautet, hat nichts mit „Prüderie" zu tun, wird aber insofern oft mit ihr verwechselt, als das Erlernen stilvollen Benehmens als ängstliches Bestreben angesehen wird, nur ja nichts falsch zu machen und selbst möglichst edel dazustehen. Bereits Gregor der Große, jener Papst des siebten Jahrhunderts aus dem feinen römischen Hause der Anicier, bemerkte höchst scharfsinnig, dass eine solche Einstellung letztlich dem Geiz entspringe, welcher der Klugheit diametral entgegengesetzt sei: Dem maßlosen Streben, all das zu haben und zu behalten, wodurch sich der Mensch seiner eigenen Größe und Geltung versichern kann – und nichts davon herzugeben. Das restlos verunglückte Kompliment des borniertes französischen Ministers war ja eben nicht etwa eine galante Verbeugung vor seinen beiden Tischdamen, sondern vielmehr eine eitle Selbstbespiegelung, für die „Stil" reine Taktik bedeutet, mit dem Ziel, selbst glänzend dazustehen – was dann ja auch, wie man so sagt, komplett in die Hose ging. Nichts könnte der *Prudentia* ferner liegen. Ihr geht es nicht um Taktik, sondern um Takt.

Der Mensch, der wahren Stil anstrebt, ist vergleichbar mit jemandem, der einen Tanz erlernt, der weder von ihm selbst erdacht noch ihm in allen Teilen bekannt ist. Der Takt wird durch die Musik vorgegeben, die Grundschritte nehmen ihn auf. Kaum etwas ist schwieriger, als mit einem Menschen zu tanzen, dem es an Taktgefühl mangelt. Ein krampfhaftes, verzweifeltes Herumhoppeln und -schieben kann die Folge sein, Blessuren sind vorprogrammiert. Da kann die Musik noch so sehr Sinn und Beine bewegen, die Bewegungen noch so korrekt ausgeführt werden – wenn der Takt nicht eingehalten wird, geriert ein Tanz leicht zum Fiasko. Da nutzt es auch nichts, die Tanzschritte mittels taktisch-negativer Anweisungen zu erklären: „Nicht zu früh einsetzen! Nicht auf die Füße schauen!" Genauso ist es auch mit dem Stil. Verbote und Warnhinweise („Niemals auf Komplimente verzichten bei den Damen!") mögen dem nutzen, der sich aus einem ängstlichen Gefühl heraus um nichts in der Welt blamieren will und der sich mit einer Regel ausgerüstet selbst wohltuend „vornehm" fühlt. Aber er wird nie ein Gefühl dafür entwickeln, was ein Kompliment eigentlich ist: Eine wohlwollende, freundliche Äußerung, die dem Gegenüber gilt und nicht sich selbst. Die Klugheit ist beim Stil das, was beim Tanz der Takt ist – und sogar sprachlich gibt es eine Parallele, die sich bei jenem französischen Minister, der „zwischen der Schönheit und der Klugheit" zu sitzen kam, so unangenehm äußerte: Er desavouierte mit seinem „eleganten" taktischen Manöver taktlos gleich beide seiner Tischdamen – die eine als hässlich, die andere als dumm. Taktlosigkeit ist immer mangelnde Klugheit und die Wurzel allen Stilmangels.

Aber, wird der eine oder andere einwenden: Ist das nicht unfair? Können nur schlaue Menschen stilvoll sein? Und ist nicht gerade die Klugheit im Ruche, bezaubernde, ungezähmte Natürlichkeit in kalte oder – noch ekelhafter – einschmeichelnde Berechnung zu verwandeln? Der unglückselige Minister aus der Geschichte war jedenfalls, gemessen an seiner Position, ein Mann mit hohem Intelligenzquotienten! Und er versagte kläglich. Klugheit scheint also gar nicht unmittelbar mit Gescheitheit oder Bildung zusammenzuhängen. Die alten Griechen hätten dem Minister leicht sagen können, wie er seinen Fauxpas hätte vermeiden können. Er hätte erst einmal die Situation einschätzen müssen: „Aha, da sitzen zwei jeweils auf ihre Weise unglaublich beeindruckende Damen rechts und links von mir". Daraus hätte er sodann messerscharf schließen können: „Besser nicht beide in einem Aufwasch ansprechen, weil sie sehr unterschiedlich sind". Und schließlich – und hier wird der Stil konkret – hätte er aus dieser praktischen Erwägung die Konsequenz gezogen und jeder einzelnen Dame etwas speziell auf sie Passendes, Charmantes gesagt. Seien Sie ehrlich: Dazu gehört kein großer Intelligenzquotient, sondern es handelt sich schlicht um den *„Inbegriff menschlicher Mündigkeit"*, wie Josef Pieper es ausdrückte – womit wir bei der wesentlichen Maxime der Aufklärung wären. Die Basis des mündigen Menschen ist seine Vernunft. Diese fällt aber eben – auch wenn das überaus angenehm wäre – nicht vom Himmel. Sie ist zwar in jedem Menschen angelegt, aber harrt ihrer Entwicklung wie ein Filmnegativ: Das

Bild existiert bereits – aber ohne seine Entwicklung bleibt es unerkennbar und leider auch häufig so nutzlos wie ein Filmröllchen in der Nachttischschublade. Bei manchen Menschen wird die Entwicklung ihrer natürlichen Klugheit gehemmt. Entweder durch mangelhafte Erziehung – oder durch das Ersetzen von Klugheit durch oberflächliche Stilregeln, die gnadenlos ins Off führen können, wenn sie nicht vernünftig untermauert sind.

Und so gibt es einige positive Regeln zur Entwicklung der Klugheit, die in jedem Menschen bereits als Urbild vorhanden ist und die dieser zu ihrer vollen Entwicklung verhelfen. Jeder kann diese innere Kraft in sich entdecken – es gilt nur, sie auch zu entwickeln. Ein wenig Übung gehört, wie beim Erlernen eines Tanzes, natürlich dazu. Vor allem aber ist ein Tanz ein sinnliches Unternehmen. Die Klugheit ist gleichsam der Grundschritt des Stils, auf dem alle anderen Bewegungen aufbauen. Dieser Grundschritt übt ein in eine wachsende stilistische Wendigkeit, gesteigertes Feingefühl, einen geschärften Blick sowie ein aufmerksames Ohr.

Die „Schrittfolgen" der Klugheit lauten:

Erst denken, dann handeln
Zusammenhänge durchschauen
Aus Erfahrung lernen
Auf Ratschläge hören
Vorausschauend sein

Und nun genug der Theorie. Auf in die Praxis!

Gastfreundschaft als Königsdisziplin

Seit Jahrzehnten kursiert die kuriose Geschichte vom „Mann, der zum Tee kam und für immer blieb" in der Öffentlichkeit – Alexander von Schönburg erwähnte sie in einem seiner Bücher ebenso wie Generationen seufzender Gastgeber, deren Besuch keinerlei Anstalten machte, sich zu verabschieden. Mir ist diese Begebenheit besonders nah, denn ich kannte ihre Protagonisten noch persönlich und es waren meine Großeltern, Fürst Erich und Fürstin Monika von Waldburg-Zeil, in deren Haus sie sich abspielte. Sie hatten, wie es ländliche Gewohnheit ist, ihre Nachbarn in ihr Schloss im Oberschwäbischen eingeladen – und selbstverständlich war auch deren temporärer Hausgast, ein Herr mittleren Alters, willkommen. Und es war wie immer – man plauderte angeregt bei Sandwichs, Tee und trockenem Kuchen, tauschte sich aus und „war gemütlich". Der mitgebrachte Gast, der durch allerhand vertrackte Konstellationen völlig verarmte Graf Vojkffy mit seinem von vielen als ziemlich verrückt befundenem Faible für Ausgrabungen aller Art unterhielt die versammelte Runde mit seinen Theorien zur Mittelsteinzeit – und offenbar genoss er die Gastfreundschaft des Hauses so sehr, dass er sich kurzerhand entschloss, sich an diesem schönen Ort niederzulassen – sprich: dazubleiben. Tatsächlich verbrachte „Onkel Bibi", wie der in keiner Weise verwandte Herr bald von allen liebevoll genannt wurde, sein restliches Leben bis zu seinem Tod im Schloss Zeil. Er überlebte sogar seinen Gastgeber um fast zwanzig Jahre. Sicher ein extremes Beispiel der Auslegung von Gastfreundschaft, welches allein deshalb noch heute in aller Munde ist, weil so etwas doch (seien wir ehrlich: zum Glück!) extrem selten vorkommt.

Von alters her galt die Gastfreundschaft in allen Kulturen als eine der wichtigsten gesellschaftlichen Güter – sie war schlechthin Ehrensache. Die Klugheit als Schrittmacher des Stils erfordert es, dass wir einmal überlegen, warum es so etwas wie Gastfreundschaft überhaupt gibt und was dahinter steckt. Warum sitzt nicht jeder am liebsten allein in seinem Haus, in seiner Burg – und mauert sich ein, um nicht von anderen in seiner verdienten Ruhe gestört zu werden? Gehen wir der Sache doch mal auf den Grund.

Für unsere Kultur prägend waren in Bezug auf die Gastfreundschaft zunächst eher praktische Gründe – und räumlich gesehen liegen ihre Wurzeln weit entfernt: In Wüsten- und Steppengebieten war man nämlich darauf angewiesen, dass der Zugang zu den Wasserquellen für die Tränke der Tiere und ihrer menschlichen Begleiter von niemandem verweigert wurde. Die daraus resultierende, existentielle Urform der Gastfreundschaft bildete bei den altorientalischen Beduinenstämmen den Ausgangspunkt zu einer Haltung, die sich allmählich in einer kulturellen Überhöhung zu einer Haupttugend entwickelte. Schon im allerersten Buch der Bibel findet man ein sprechendes Beispiel für diese schöne Sitte: Abraham erhielt da – wie er noch nicht ahnte, äußerst prominenten – Besuch, und beflissen hieß er seine Gäste willkommen. Die staubigen Füße der Ankömmlinge wurden gewaschen, Sara, die

Hausfrau, backte in Eile frisches Brot, ein Menü wurde gezaubert – kurzum: ein überaus gastfreundlicher Beduinenhaushalt von vor 4000 Jahren wird uns da vorgestellt.

Bei den alten Griechen galt die Gastfreundschaft schon als Ausdrucksform des „großgearteten Menschen", wie Aristoteles es formulierte. Und auch wenn diese Haltung wohl vor allem von den „feinen Leuten" kultiviert wurde und immer auf Gegenseitigkeit ausgelegt war, zeichnete der antike Dichter Euripides in seinem Werk „Elektra" auch in meisterhafter Weise das Bild des gastfreien Bauern. Bei den Epikern schließlich war Gastfreundschaft der klassische Ausdruck von Kultur, ja, sie witzelten, dass den Zyklopen diese Tugend unbekannt sei, was deren Barbarentum beweise. In Homers „Odyssee" kommt dann auch ein besonders unangenehmes Exemplar dieser Gattung vor: Ihrem legendär unfreundlichen Gastgeber, dem einäugigen Zyklopen Polyphem, entkamen seine ungebetenen Gäste nur durch eine jener legendären Listen des Odysseus, der sich dem unwirschen Haus- oder eher Höhlenherrn als „Niemand" vorstellte. Als der überaus besuchsfeindliche Riese von seinen panisch fliehenden Gästen in blanker Notwehr geblendet wurde, rief er ihnen drohend-hilflos nach: *„Niemand* hat mir mein Auge geraubt!" Nur Spott blieb dem unzivilisierten Burschen. Wer derart ungastlich handelte, hatte es nicht besser verdient!

Das oben erwähnte Beispiel vom Gast, der zum Tee kam und nie mehr wegging, zeigt jedoch, dass Gastfreundschaft in derart vollendeter Form kaum irgendjemandem möglich ist. Wer könnte dauerhaft einen Gast in seine Dreizimmerwohnung aufnehmen, nur um nicht als stillos zu gelten? Und wenn es sich bei dem „Anklopfenden" um einen bösen Schurken, einen unangenehmen Störenfried handelt? Hier weist die Klugheit den Weg, wo und wie die Grenzen zu ziehen sind. „Erst denken, dann handeln" gilt auch für die Gastfreundschaft! *„Bring nicht jeden Menschen ins Haus, denn viele Wunden schlägt der Verleumder"*, zeigte schon der ausgewiesene Stilexperte Jesus Sirach im Alten Testament der Bibel die andere Seite der Medaille der Gastfreundschaft auf, um gleich noch konkreter zu werden: *„Nimmst du den Fremden auf, entfremdet er dich deiner Lebensart; er entzweit dich mit deiner Familie."* Darauf sollte es wirklich niemand ankommen lassen, nur um stilvoll zu sein. Schon im antiken Griechenland gab es Voraussetzungen für das Gastrecht: In Euripides' „Medea" lesen wir vom *Symbolon* („das Zusammengefügte"), einem Ring oder einem Spielstein, der in zwei Teile geschnitten wurde. Wer nun mit einem anderen Gastfreundschaft schloss, zerschnitt den Gegenstand, behielt selbst die eine Hälfte und ließ dem, der ihn beherbergt hatte, die zweite zurück. Solche Ring- oder Spielsteinteile wurden auch weitergegeben und über Generationen vererbt – entscheidend war, dass die beiden Teile der Gastfreunde zusammenpassten. Wenn nun jemand um Gastrecht vorsprach, seinen Teil vorwies und er sich mit dem des Gastgebers nahtlos zum Symbolon zusammenfügte, war dies ein materieller Ausweis dafür, dass der Gast der Gastfreundschaft würdig war. Die griechische Gastfreundschaft war auf diese Weise auf Gegenseitigkeit ausgelegt. Gastgeber und Gäste blieben stets mehr oder weniger im selben gesellschaftlichen Kontext.

Beim Fall „Onkel Bibi" hatten meine Großeltern also eine vergleichbare, positive Referenz: Der ihnen Fremde war von Verwandten bei ihnen eingeführt worden. Diese waren also gleichsam Garanten dafür, dass der Mann des Gastrechts würdig sei – gleichbedeutend mit einem passenden Teil des antiken Symbolons. Umgekehrt war auch „Onkel Bibi" kein Dummkopf, der die Großherzigkeit seiner Gastgeber einfach schamlos ausnutzte. Natürlich wäre er in einem kleinen Haus oder gar einer Mietwohnung sicher nicht auf die Idee gekommen, einfach zu bleiben. Ihm war klar, dass er in einem besonderen Haus war, wo auch eine sehr langfristige Unterbringung im Prinzip kein wirkliches Problem bedeutete. Das Schloss war groß genug, dass man sich niemals „auf den Füßen stand", sodass auch ausufernde Gastfreundschaft prinzipiell im Rahmen der Möglichkeiten war. Die Voraussetzung für die Chuzpe des verarmten Grafen war ein trotz seiner finanziell schwierigen Lage offenbar gut ausgeprägtes Selbstbewusstsein: Er fühlte sich bei meinen Großeltern als Gleicher unter Gleichen, so dass er sich nicht einmal genierte – wäre die Situation umgekehrt eingetreten, er hätte sich wohl nicht anders verhalten als sie, vorausgesetzt, er hätte die Möglichkeiten dazu gehabt. All diese Erwägungen – mögen sie auf Seiten der Gastgeber und ihres Überraschungsgastes auch eher unterbewusst vonstatten gegangen sein – standen also in nachvollziehbaren Zusammenhängen. Die griechische Gastfreundschaft hätte jedoch eine Gegenleistung erfordert, welche „Onkel Bibi" keineswegs in der Lage gewesen wäre, zu erbringen. Da profitierte er von einem weiteren kulturellen Quantensprung der Gastfreundschaft.

Im Christentum heißt es nämlich: *„Wer anklopft, dem wird aufgetan."* Hier ist Gott selbst der liebende „Gastgeber", der niemanden abweist, der sich an ihn wendet. Nicht auf ein „Geben und Nehmen" kommt es dabei an, sondern auf eine stilvolle Haltung ohne erwartete Gegenleistung und ohne Ansehen der Person. Der barmherzige Samariter, der sich des von Räubern überwältigten Fremden annimmt, ihm das Leben rettet und ihn unterbringt und verpflegt, wurde exemplarisch für uneigennützige Gastfreundschaft. Diese Deutung ist tief in unser kulturelles Verständnis von Gastfreundschaft eingegangen. Als der Millionär Jan Philip Reemtsma von den Entführern, die ihn mehr als vier Wochen ohne Kenntnis der Öffentlichkeit in ihrer Gewalt gehabt hatten, in tiefster Nacht irgendwo im Nirgendwo freigelassen wurde, klopfte er am ersten Haus, zu welchem er erschöpft nach langem Fußmarsch gelangte: *„Die Tür ging auf: ‚Ja bitte?' – ‚Entschuldigen Sie die späte Störung, ich wollte Sie fragen, ob ich vielleicht telefonieren dürfte.' – ‚Wenn es kein Ferngespräch nach Australien ist?' – ‚Nein, nach Hamburg. Ich möchte meine Frau anrufen. Ich kann Ihnen auch erklären, warum ich hier nachts so abgerissen vor Ihrer Tür stehe. Es ist eine ziemliche Räuberpistole und Sie werden's mir kaum glauben. Ich wurde nämlich entführt und bin eben wieder freigelassen worden.'"* Für den nächtens überraschten Hausherrn war es ein Fremder, der da zerlumpt und ungepflegt um Einlass bat. Er hätte auch die Tür zuschlagen können – oder vorsichtshalber gar nicht erst öffnen. Aber er ließ ihn ein und versorgte ihn. Stilvolle Gastfreundschaft in Reinkultur.

Jesu Wort: „*Was du dem geringsten meiner Brüder getan hast, das hast du mir getan*" überhöhte für die Christusgläubigen diese alle gesellschaftlichen Schranken durchbrechende Haltung noch dahingehend, dass für sie in jedem Gast Christus selbst zu Besuch kam. In einigen Bauernhäusern in der Eifel wird noch heute bei Festmahlzeiten der Brauch des Gedecks „für den unbekannten Gast" gepflegt. Auf jeden, der überraschenderweise anklopfen könnte, wartet so bereits Speis, Trank und Teilhabe. Stilvoller geht es kaum.

„Onkel Bibi" wiederum beteiligte sich fortan an häuslichen Tätigkeiten in seinem neuen Zuhause, unterhielt die ganze Familie mit seiner Originalität und seinem Witz und machte sich überhaupt nützlich. Denn auch diese Regel steht schon in der Bibel, genauer bei Paulus: *„Wer nicht arbeitet, soll auch nicht essen"* – dieser Satz bezieht sich ausschließlich auf die Gastfreundschaft und ist nicht etwa ein bösartiges Verdikt gegen Arbeitslose, wie es heute zuweilen zynische Zungen vermitteln wollen! Wer für längere Zeit gastfreundlich aufgenommen wurde, hatte die Pflicht, mit Rücksicht auf seine Gastgeber und deren Entlastung für seine Ernährung und sein Unterkommen auch zu arbeiten – es sei denn, er wäre zu alt oder zu krank dazu. Aus diesem Zusammenhang erschließt sich auch der in unserem Kulturkreis so gut wie jedem in Fleisch und Blut übergegangene Impuls, bei einer Einladung anzubieten, ob man irgendwie helfen kann – oder, wenn erkennbar ist, dass anderenfalls die Hausfrau selbst es tun müsste, nach dem Essen den Tisch mit abzuräumen, wenn man nicht ausdrücklich davon abgehalten wird. Dieses Prinzip sollte in wirklich jede Kindererziehung eingehen – es gibt kaum etwas Unsympathischeres und Stilloseres als Gäste, die genüsslich mit gleichsam geistig „hochgelegten Beinen" mit ansehen, wie sich die Gastgeber für sie abrackern. Hier gilt es, vorausschauend zu beobachten: Ist Personal zugegen, wird keine Hilfe benötigt. Im Zweifel ist ein freundliches Angebot aber allemal stilvoller als das Vertrauen, dass die Teller sich schon irgendwie von selbst entsorgen werden. Bei Übernachtungen in Privathäusern ohne Personal (was die Regel ist) gibt es – dieser Insider-

Tipp sei hier gern verraten – ein veritables Erkennungsmerkmal, wer wirklich stilvoll ist und wer nicht: Wer sein Bett am Ende des Aufenthaltes selbst abzieht, hat Stil. Er hat gut beobachtet, was der Unterschied zwischen einer Privateinladung und einem Hotel ist. Tatsächlich wurde und wird diese Facette in kultivierten Häusern derart nachhaltig anerzogen, dass es vielen schon von Kindesbeinen an physisch ebenso unmöglich erscheint, eine Gastgeberin ungerührt ein schweres Tablett balancieren zu sehen wie ein benutztes Bett unabgezogen zu hinterlassen. Der Grund, warum man dies tut, ist wiederum nicht, um besonders stilvoll dazustehen (es gilt als absolut selbstverständlich) – sondern ausschließlich aus dem Impuls heraus, seine Gastgeber nicht über Gebühr zu strapazieren und ihnen mehr Freude als Mühe zu bereiten. Wer hat nicht schon einmal Eltern zu ihren Kindern sagen gehört: „Und dass du dich gut benimmst! Nicht dass du uns Schande machst!" Nichts wäre falscher gedacht. Es geht nicht darum, selbst besonders großartig dazustehen oder seine Familie nicht zu blamieren, sondern das vorausschauende, kluge Denken, welches Stil erst ermöglicht, steht im Vordergrund. Was würde den Gastgebern weniger Anstrengung bedeuten? Wie kann man sich (mit Witz, interessanten Gesprächsthemen, vorausschauender Aufmerksamkeit) persönlich einbringen, so dass die Einladung für alle zum vollen Erfolg wird? Wie kann man sich – auch ohne jegliche materielle Revanche – erkenntlich zeigen für die freundliche Aufnahme? Sie sehen, da gibt es keine vorgestanzten Antworten. Jeder muss mittels seiner eigenen Klugheit versuchen zu erkennen, was in der ganz konkreten Situation richtig und angebracht ist – nicht im Hinblick auf den eigenen Ruhm, sondern im sorgfältigen, liebevollen Sorgen um den anderen. Das macht einem selbst auch so viel mehr Spaß als das gepeinte Warten darauf, dass alles schon von selbst irgendwie gut gelingen werde! Gastgeber und Gast ergänzen sich dergestalt aufs Stilvollste. Es braucht tatsächlich nur sehr wenig Übung, wenn man weiß, worauf es ankommt. Die fast vergessene Gewohnheit des Dankesbriefes im Anschluss an eine Einladung ist in diesem Zusammenhang übrigens eine stilvolle Geste, die sich lohnen würde, wiederentdeckt zu werden – ob mit Federkiel auf Bütte geschwungen, mit Kuli auf ein Kärtchen gekritzelt oder per E-mail in den Computer getippt, ist dabei vollkommen unmaßgeblich. Auf den Inhalt kommt es an!

Als am Ende des Krieges die großen Fluchtströme aus Schlesien und Ostpreußen einsetzten, war es eine prägende Erfahrung für sehr viele Flüchtlinge, dass sie in ihrer Not sogar von teils völlig Fremden gastfreundlich aufgenommen wurden. Viele Gastgeber wurden hier zu „barmherzigen Samaritern", ohne dass es irgendjemandem besonders aufgefallen wäre. Die Not war groß – und es wurde geholfen, unabhängig vom Stand und sehr häufig auch unabhängig von der Anzahl der zur Verfügung stehenden Zimmer und Nahrungsmittel. Man rückte einfach zusammen und teilte, was zur Verfügung stand. Gerade die negativen Gegenbeispiele derer, welche den Flüchtlingen damals die Tür vor der Nase zuschlugen, zeigen es deutlich: In diesen erbärmlichsten Zeiten wurde tatsächlich von Menschen aller Klassen wahrer Stil gezeigt – aber auch verheerende Stillosigkeit. Es war einerseits ein großartiges Zeichen von uneigennütziger Gastfreundschaft, sein Haus für Menschen (insbesondere für solche in Not) jederzeit offen zu halten und darüber hinaus sogar eine Atmosphäre zu schaffen, auf dass sich Freunde wie Fremde wirklich willkommen fühlen und nicht als fast unerträgliche Last. Wie demütigend könnte es sich jedoch angefühlt haben, unfähig zu sein, sich in irgendeiner Weise revanchieren zu können! Ich habe mit vielen Menschen gesprochen, die damals all ihr Hab und Gut verloren hatten und mit sprichwörtlich leeren Händen in fremden oder Häusern von Verwandten strandeten. Immer wieder beeindruckt, dass es die uralten Regeln des Gastrechtes waren, welche die Situation auf allen Seiten entspannte. Jeder Flüchtling machte sich in dem für ihn möglichen Umfang im gastfreien Haus nützlich oder suchte sich Arbeit. Und auch wenn die Situation für viele Gastgeber und Aufgenommene häufig mühselig und unkomfortabel war: Es war außerhalb jeder Diskussion, sich zu beschweren, die Zustände zu bejammern oder sich gehen zu lassen. Einem Gast, dem Stil etwas bedeutet, ist es Verpflichtung, sich angemessen zu benehmen, in jeder Lebenslage amüsant und fröhlich zu erscheinen und seinem Gastgeber so wenig auf die Nerven zu gehen wie irgend möglich. Darin liegt seine dankbare Anerkennung. Der Gast bedankt sich für die Großzügigkeit und Uneigennützigkeit seines Gastgebers nicht notwenig mit einer Gegeneinladung, sondern mit seinem eigenen guten Stil. Die beispielsweise im heutigen Überfluss fast unsinnig erscheinende Regel, bei Einladungen stets seinen Teller leer zu essen, unabhängig davon, ob es schmeckt oder nicht, hat ihren Grund vor allem darin, dass Höflichkeit sich auch in beredten Gesten äußert. Wer nur in seinem Teller pickt, signalisiert seinen Gastgebern, dass es scheußlich schmeckt und verschafft ihnen ein schlechtes Gewissen. Jener gesellschaftlich hochstehende Gast, der kürzlich in einem Berliner Diplomatenhaus gegenüber der Gastgeberin sogar vornehm näselnd die Qualität des Fleisches

monierte, weil er unbedingte Ehrlichkeit für die Mutter allen Stils hielt, könnte Vorbild für Heinrich Heines treffenden Ausspruch gewesen sein: *„Ein Kluger bemerkt alles – ein Dummer macht über alles eine Bemerkung."*
Die wohl extremste Form christlicher Gastfreundschaft schilderte Conrad Ferdinand Meyer in seiner dramatischen Ballade „Die Füße im Feuer". Darin bittet in stürmischer Nacht ein Fremder aus dem feindlich gesonnenen Königslager im Schlosse eines hugenottischen Herrn um Aufnahme, die ihm großzügig gewährt wird: *„Es stürmt. Mein Gast bist du. Dein Kleid, was kümmert's mich? Tritt ein und wärme dich! Ich sorge für dein Tier!"* Im Laufe des Abends erkennt der Hausherr in dem Fremden entsetzt den Mörder seiner Frau – und verzichtet dennoch auf Rache. Gastfreundschaft ist Ehrensache, auch wenn sie zuweilen das Haar über Nacht ergrauen lässt.

„Onkel Bibi", der Gast, der zum Tee kam und für immer blieb, hatte wirklich Stil, ebenso wie seine Gastgeber. Er konnte sich zwar nie mit einer Gegeneinladung revanchieren. Aber bis heute, Jahrzehnte nach seinem Tod, wird noch in allen Farben erzählt, wie er sich bewährte durch seine Originalität, seinen Witz, seine tätige Mithilfe und schließlich seine spektakulären Ausgrabungen im Umkreis seiner Wahlheimat, welche seine ganze Gastfamilie für sein skurriles Steckenpferd entflammte. Und unvergessen bleibt seine geradezu sprichwörtliche, unverbrüchliche Treue.

Auf Augenhöhe tafeln

Eine 3-Zimmer-Altbauwohnung mit täglich zu bestückendem Ölofen und Ikea-Style-Einrichtung mitten in der Stadt, eine vier Quadratmeter große, aus allerhand Einzelteilen zusammen gewürfelte Küche – ein übersichtliches, aber perfektes Paradies für meinen Mann und mich, als wir jung verheiratet waren. Da mein Mann ausgezeichnet kocht, war mein diesbezügliches Defizit nie ein größeres Problem – außer, wenn wir Gäste erwarteten und er arbeitsbedingt zu spät nach Hause kam, um selbst den Küchenchef zu geben. Klar war uns, dass ein gelungener Abend nicht nur von den netten Gästen abhängt, sondern eben auch vom guten Essen und Trinken, welches viel zur Stimmung beiträgt. Ein Tipp meiner Mutter war die Rettung: Koche nur, was du auch wirklich gut kannst. Das einzige Gericht, das ich tatsächlich beherrschte, waren Spaghetti mit drei Saucen. Tischdekoration spielte aus profanen Gründen keine Rolle – Teller, Gläser, Besteck und Servietten – den Rest des Platzes benötigten die Gäste und die Speisen. Und so kamen und gingen unsere Besucher – es gab stets Spaghetti, drei Saucen und einen guten Rotwein. Schwieriger war die Nachspeisenfrage, bei der ich überhaupt kein Repertoire aufzuweisen hatte. Ich entschloss mich, als Kontrapunkt zu den Spaghetti eine Orangencrème zu meinem Standardgericht werden zu lassen. Diese sorgte wiederum bei jeder Einladung für angeregtesten Gesprächsstoff, da ich mich sehr lange in der Experimentierphase befand und die Konsistenz dieses Desserts von Mahl zu Mahl in allen Variationen zwischen wässrig-suppig und Gummiball schwankte. Meine kulinarischen Fort- und Rückschritte trugen so stets durchaus zum Amüsement der um den großen Tisch Versammelten bei. Studenten, Botschafter, Bekannte auf der Durchreise, Bundestagsabgeordnete, uralte Verwandte, Kleinkinder und Philosophen sowie Leute, die damals noch nicht ahnten, dass sie später als veritable „Promis" gelten würden, saßen so harmonisch und vergnügt in unserer nach heutigen Begriffen völlig „unstylischen" kleinen Wohnung, aßen Spaghetti und Gummiballcrème – und kein noch so ausgefeiltes, stilvolles Diner, das wir später, als wir etwas arrivierter waren, zuweilen sogar von einem Koch bei größeren Gesellschaften zubereiten ließen, konnte die Stimmung toppen, die damals in unserer kleinen Bude herrschte.

Wird heute über „stilvolles Essen gesprochen", stehen hingegen nicht Harmonie und allgemeines Wohlbefinden der Tischgemeinschaft im Vordergrund, sondern oft harte Arbeit. Besonders anstrengend klingende Tipps zum „stilvollen" Essen fand ich zum Beispiel im Internet bei „Wecarelife.at": *„Je öfter man sich bewusst an den Tisch setzt, desto entspannter wird man nach einiger Zeit die Regeln des stilvollen Essens beherrschen. Letztendlich gehören der höfliche Umgang mit Menschen und gute Tischmanieren schlicht und ergreifend zum intelligenten Selbstmarketing. Und wer weiß, wie es geht, wird sich mit der Zeit natürlicher und selbstbewusster bewegen und sich so dem sinnlichen Vergnügen des Essens hingeben können, ohne sich dabei ständig über die ‚Dos and Don'ts' bei Tisch Gedanken machen zu müssen."* Essen als intelligentes Selbstmarketing! Darauf muss man erst mal kommen. Natürlich sind Tischmanieren wichtig, hauptsächlich deshalb, weil man anderen nicht den Appetit verderben möchte durch unangenehme

Gewohnheiten wie lautes Klappern, Schlürfen, Spucken, Prusten und Schmatzen. Aber selbst diese Grundregeln – leise mit den Besteck hantieren, geräuschlos trinken und mit geschlossenem Mund kauen – sind relativ. Wer zum Beispiel je zum Austernessen gebeten oder gar bei begeisterten und in dieser Hinsicht extrovertierten Weinkennern zu Gast ist, kann staunend erleben, dass selbst das Nicht-Schlürfen-Gebot plötzlich außer Kraft gesetzt wird. Auch wenn ich persönlich Austern nicht mag und das demonstrative Schnüffeln, Schlabbern und Kauen von Wein selbst dann merkwürdig finde, wenn es sich um einen ganz besonderen Tropfen handelt – wirklich verbindlich sind (abgesehen von der einsichtigen Regel, dass man aus Rücksicht auf die anderen Gäste nicht mit vollem Mund sprechen sollte) heutzutage nur Verbote jener Ausdrücke von Wohlsein, welche einst Martin Luther regelrecht von seinen Gästen eingefordert hatte: *„Warum furzet und rülpset ihr nicht? Hat es euch nicht geschmacket?"* Solche naturalistische Lautmalerei beim Essen gilt zumindest in unserem Kulturkreis im Moment als unelegant. Wer weiß, wie lange das anhält. Johanna Schopenhauer, die Mutter des großen Philosophen Arthur, erlebte jedenfalls mit Schaudern vergleichbare Auswüchse bei einem Englandbesuch – und zwar in den feinsten Kreisen: *„Ekel verursacht schließlich der Gebrauch von rincingbowls aus Kristall, mit denen bei Tisch der Mund ausgespült wird. Die ganze so beschäftigte Gesellschaft erinnerte uns oft an einen Kreis Tritonen, wie man sie Wasser speiend um Fontänen sitzen sieht."* Gut, das war Anfang des 19. Jahrhunderts – aber grundlegender Teil einer stilvollen Tischkultur, welche sich auch in den dafür vorgesehenen Gerätschaften spiegelte: Die großen, kristallenen, Weingläsern ähnlichen Spucknäpfe waren so selbstverständlicher Bestandteil eines vornehmen Gedecks wie heute eine Stoffserviette. Liebhaber können sie gelegentlich bei eBay ersteigern – und benutzen sie wahrscheinlich als stilvolle Schale für Nüsschen beim Aperitif. Tischregeln ändern sich so schnell, dass es in Deutschland eigens einen „Arbeitskreis Umgangsformen International" gibt, welcher jährlich ein Kommuniqué herausgibt, was im Moment stilistisch „in" und was „out" ist. Zu meiner größten Überraschung stellte ich fest, dass beispielsweise der Gebrauch von Zahnstochern bei Tisch inzwischen wieder als „erlaubt" gilt – eine Gewohnheit, die ich wiederum mindestens ebenso unappetitlich finde wie das Essen mit offenem Mund – aber wahrscheinlich von ähnlich praktischem Hintergrund wie die von Frau Schopenhauer verachteten „rincing bowls" im viktorianischen England. Das zierliche Abkauen von Hähnchenschenkeln oder kleinen Koteletts hingegen gilt nach Expertenurteil noch als „unfein", obwohl gerade diese Speisen inzwischen ganz offiziell die vorderen Ränge beim modernen Fingerfood belegen. Spargel kann man inzwischen mit Messer und Gabel essen, in manchen Häusern wird man allerdings durchaus als puritanisch – um nicht zu sagen: verklemmt – angesehen, wenn man sie nicht genussvoll, die Spitze voraus, mit der Hand in den Mund gleiten lässt. Kartoffeln können seit der Erfindung der Edelstahlklinge gefahrlos mit Messer und Gabel verzehrt werden – sehr traditionelle Menschen zerteilen sie hingegen nach wie vor ausschließlich mit der Gabel. In manchen Kreisen wird das Aufdrehen von Spaghetti auf einem Löffel als Gipfel der Peinlichkeit gewertet, in anderen gehört der hilfreiche Löffel zur Grundausstattung bei der Nudelparty. Das „Antrinken" und Zuprosten gilt im einen Haus als Grundvoraussetzung guten Benehmens – in anderen erntet es eisige

Blicke. Also man sieht – Tischsitten sind etwas eher Temporäres und Subjektives – am stilvollsten und entspanntesten fährt man, wenn man offen ist für Neues, beobachtet, wie es im jeweiligen Hause Sitte ist – und dann entscheidet, wie man es selbst halten will. Den rechten Gebrauch von Messer und Gabel sollte in Europa und in den USA jedes Kind genauso lernen wie in Asien den mit Essstäbchen, und die denkbar einfache Regel, dass man Besteck und Gläser von außen nach innen aufbraucht, hat sich wirklich bei jedem herumgesprochen. Der Gebrauch von Hummerbesteck, Austerngabeln und Schneckenzangen kommt selten genug vor, als dass man sich genieren müsste, seinen Nebensitzer um Rat zu fragen, wenn man trotz scharfer Beobachtung der Tafelrunde nicht zurechtkommt: Ehrlich währt am längsten, ist sympathisch und gibt demjenigen, der einem auf diese Weise behilflich sein darf, Gelegenheit, ein wenig zu glänzen. Das tut jedem gut. Im Ausland ist man ohnehin auf seine Beobachtungsgabe angewiesen, da manche Regeln sich von den bei uns gebräuchlichen geringfügig unterscheiden. So gilt es in England beispielsweise als stilvoll, die linke Hand – wenn sie nicht zum Hantieren mit Besteck gebraucht wird, auf dem linken Bein zu placieren, was hierzulande als extrem unelegant gilt. In England hat diese Sitte wohl noch den Hintergrund, dass die Lords ihre Jagdhunde diskret unterm Tisch festhielten, während sie gleichzeitig ungerührt ihr Diner verspeisten. Die beste diesbezügliche Geschichte hörte ich übrigens von meinem Vater, der in Südamerika neben einem eleganten Herrn saß, der selbst das servierte Rindersteak zierlich, wenn auch etwas mühsam, mit der Gabel in der linken Hand zerteilte. Meinem Vater war diese Regel bisher noch nie untergekommen, aber selbstverständlich passte er sich der „Landessitte" an, für die er dieses Gebaren hielt. Am Ende des Essens bat ihn sein Nachbar, ihm bei Aufstehen behilflich zu sein. Seine rechte Hand war amputiert.

Die völlig verrückte neue Unsitte, Anwärter auf einen Job, welche fachlich bereits in die engste Auswahl gelangt sind, bei einem komplizierten Essen auf deren Tischmanieren zu „checken", mag zwar triste Stilberater wie den oben erwähnten zu Hochfrequenzen führen, ist aber letztlich Ausweis von Dummheit: Einen hochqualifizierten Ingenieur deshalb nicht einzustellen, weil ihm beim Testessen die Elsässer Weinbergschnecke durch die Zange flutscht, ist ein größerer Verlust für die Firma als für den, dem aus einem so unsinnigen Grund eine Stelle durch die Lappen geht: Wer weiß, was einen in einem Unternehmen mit solch absurden Prioritäten noch an Unerfreulichem erwartet hätte!

Beim gemeinsamen Essen kommt es auf völlig andere Stil-Kategorien an. Das Wesentliche dabei ist nicht etwa das possierliche Einschäufeln von Sättigungsgut unter strikter Beobachtung, mit dem Ziel eines *intelligenten Selbstmarketings*, sondern eine geradezu existentielle Gemeinschaft. Ludwig Feuerbach (der sich wahrscheinlich auch nie hätte träumen lassen, regelmäßig als Stilexperte zu Rate gezogen zu werden) drückte es eher uncharmant aus: *„Der Mensch ist, was er isst"*. Als ein intellektueller Verwandter dieses berühmte Bonmot einmal beim Essen gegenüber meiner Lieblingscousine platzen ließ, die sich gerade vergnügt über ein Schweinelendchen hermachen wollte, erntete er fast eine Ohrfeige. Tatsächlich wurde Feuerbachs Diktum immer wieder dahingehend missverstanden, dass sich das Wesen von Menschen an ihren kulinarischen Vorlieben festmachen ließe, Stichwort: „Was das Essverhalten über den Charakter verrät". Bestimmte Ernährungstypen wie der Fleischfresser und der Körnermümmler, der Stress- und Frustesser, der Health-Food-Junkie und der Gourmet werden da schon mal gern von allerhand Gazetten „psychologisch" anhand ihrer Vorlieben charakterlich eingeordnet. Was Feuerbach – der ja, wie gesagt, ein geradezu furioser Religionskritiker war – damit ausdrücken wollte, war aber vielmehr, dass das Essen die Grundvoraussetzung menschlichen Seins sei. Er setzte das Essen sogar noch *vor* Geist und Vernunft, weil – was ja irgendwie nicht ganz von der Hand zu weisen ist – ein Mensch ohne Ernährung überhaupt nicht bis zum vernünftigen Denken vordringen könne, geschweige denn zum Stil, der ja, wie wir gesehen haben, ohne Klugheit gar nicht denkbar ist. Zuvor wäre er nämlich längst verhungert! Auch wenn ich Feuerbachs sonstige materialistische Konklusionen nicht teile, so trägt sein Aphorismus doch dazu bei, sich einmal klarzumachen, was Essen in Gesellschaft eigentlich grundsätzlich bedeutet: Menschen tun gemeinsam das, was sie am Leben erhält. Ihre gemeinsame Grunddisposition bildet dabei den Anlass, eine Gemeinschaft zu bilden auf der Grundlage dessen, was wirklich alle Menschen verbindet: dass sie essen müssen, um zu leben.

Was dabei so erstaunlich ist: Dass sie sich gerade bei diesem Grundvollzug des menschlichen Lebens zusammentun, was anlässlich der aus dem Essen resultierenden, unvermeidlichen körperlichen Gegebenheiten ausdrücklich nicht der Fall ist, bei deren Vollzug jeder am liebsten allein ist. Schon von den Anfängen an haben Menschen gemeinsam gegessen – und auch, wenn wir wenig darüber wissen, wie die Tischgewohnheiten vor der Entdeckung des Feuers als kulinarischer Wendepunkt aussahen, so gehen wir doch aufgrund archäologischer Funde davon aus, dass die Leute danach gemeinsam um das Feuer saßen, in dem ihre erjagten Fleischstücke schmurgelten – und diese, wenn sie endlich gar waren, auch gemeinsam verzehrten. Besteck spielte damals noch keine Rolle – Finger und Zähne waren großartige Hilfsmittel zum Zerteilen der Köstlichkeiten. Schätzungen zufolge essen auch heute noch 4,2 Milliarden Menschen mit den Fingern, manche von ihnen nehmen noch einen Löffel hinzu (wobei es auch da differierende Stilvorschriften gibt), 1,2 Milliarden essen mit Essstäbchen, während nur magere 900 Millionen auf Messer und Gabel zurückgreifen. Ob Finger, Löffel, Stäbchen oder Messer und Gabel – alle Menschen essen überall auf der Welt am liebsten in Gesellschaft. Wer sich allein ernähren muss – sei es, weil er einsam ist, sei es, weil er in Einzelhaft sitzt – gilt als bedauernswerter Mensch, dem es am Elementarsten fehlt. Das Essen verbindet die Menschen existentiell.

Trennend wiederum wirken vor diesem Hintergrund ganz andere Dinge – und hier kommen wir auf wirklich wichtige Stilfragen, die viel zu selten thematisiert werden. Denn wenn Stil der Weg zum Ziel umfassender Harmonie ist, dann muss es beim gemeinschaftlichen Essen darum gehen, alle möglicherweise trennenden Faktoren zu vermeiden. Nur aus diesem Grund einigt man sich auf grundlegende Tischmanieren, die sich aber mit der Zeit ändern können. Am einfachsten ist es, man erzieht seine Kinder zu den wesentlichen Grundzügen – das, was jeder anders macht oder was sich ändert, können sie dann mit ihrer eigenen Klugheit lernen. Viel wichtiger ist es, dass sie von früh an wissen, worauf es wirklich ankommt: Menschen zu verbinden und nicht zu trennen. Nur ein Beispiel, das aufzeigt, wo viel größere Stil-Klippen lauern:

Ein Hauptproblem ist – gerade heutzutage, wo viele Menschen von Allergien geplagt sind – das Essen selbst.

Es gilt im Moment (das war nicht immer so) zum Beispiel als überaus stilvoll, die Speisen wohldekoriert in Scheibchen und Häufchen auf spiralförmigem Soßenspiegel an Minzblättchen schon auf dem Teller anzurichten. So wunderschön solche Kreationen aussehen und so köstlich sie schmecken können – sie stellen denjenigen, der eine Allergie auf einen Bestandteil der Speise hat, vor ein geradezu unlösbares Dilemma: Entweder er kränkt die Gastgeber durch Liegenlassen der verdächtigen Elemente (so, als ob es ihm nicht schmecken würde) oder dadurch, dass er beschämt auf seine Disposition hinweist, was wiederum wie ein Vorwurf klingen könnte, dass der Gastgeber nicht umsichtig genug seinen Speiseplan erstellt hat. Die schrecklichste Möglichkeit ist, höflich auf beides zu verzichten, das Vorgesetzte aufzuessen und anschließend mit einem anaphylaktischen Schock vom Stuhl zu fallen – so etwas sprengt erfahrungsgemäß die schönste Dinnerparty. Wie kann man solchen Katastrophen stilvoll vorbeugen? Die sinnfälligste Vorbereitung ist es, vorausschauend zu handeln – Grundschritt der Klugheit. Wer seine Gäste nicht beeindrucken will, sondern ein in jeder Hinsicht gelungenes Essen mit ihnen plant, achtet darauf, ob sie vielleicht Allergien oder – ebenso wichtig – religiöse oder weltanschauliche Überzeugungen am Verzehr bestimmter Speisen hindern. Neulich hörte ich von einem Essen in Frankfurter Bankierskreisen, bei dem Hummer satt serviert wurde. Außer den obligatorischen Zitronenscheiben gab es nichts anderes als diese edlen und sehr teuren Krustentiere. Drei Gäste am Tisch griffen begeistert zu, der Rest der Tafelrunde schwieg betreten vor leer bleibenden Tellern. Zwei Drittel der Eingeladenen waren Juden, die – was man als stilvoller Gastgeber ebenso wissen sollte wie dass Moslems kein

Schweinefleisch essen – zwar „*alle Tiere mit Flossen und Schuppen, die im Wasser, in Meeren und Flüssen leben*" essen dürfen, denen aber daraus resultierend Aal, Austern, Hummer, Krebse, Muscheln und Schnecken verboten sind. Man muss selbst nicht religiös sein, um sich solches Allgemeinwissen anzueignen und in Stil umzuwandeln. Bei Christen ist es da etwas einfacher – aber es zeugt auf jeden Fall von fortgeschrittenem Stil, die beiden strengen Fasttage der Katholiken zu kennen (Aschermittwoch und Karfreitag) und vorsichtshalber am Freitag kein Fleisch zu servieren. Wer einen internationalen, multikulturellen Freundes- und Bekanntenkreis pflegt, sollte sich – will er stilvoll sein – solche wichtigen Details um der Harmonie willen notieren.

Immer kann man aber nicht vorbeugen, besonders wenn Gäste erwartet werden oder einfach vorbeikommen, die man kaum kennt. Ein Grund übrigens, warum Büffets bei den meisten Menschen so gut ankommen, ist, dass man solchen Schwierigkeiten durch Auswahl entgeht. Die andere Alternative gilt im Moment als weniger elegant, ist aber definitiv die stilvollere Lösung: Dass sich jeder selbst von den angebotenen Speisen bedienen kann. Die allerwenigsten werden heute ein Essen von Personal servieren lassen – derselbe Auswahleffekt kann aber erzielt werden, wenn die Speisen auf Platten und in Schüsseln auf dem Tisch stehen und jeder sich selbst bedient – und unauffällig meidet, was er nicht verträgt oder aus sonstigen Gründen nicht zu sich nehmen kann oder will. Selbst wenn es sich nur um Spaghetti mit drei Saucen handelt, wird auf diese Weise wohl jeder etwas finden, das ihm zusagt. Wenn jemand allerdings wirklich schwerwiegende Probleme mit bestimmten Grundnahrungsmitteln (Mehl, Eier, Milch) hat, sollte er dem Gastgeber vorher Bescheid sagen, damit dieser notfalls eine kleine Alternative für ihn vorbereiten kann – auch das gehört zum Stil, dass man nichts Unmögliches erwartet.

Die Auswahl der zum Essen zusammenkommenden Menschen ist ebenso wichtig, aber sehr viel unkomplizierter. Freunde, Verwandte – aber auch Geschäftspartner mit gemeinsamen Interessen, sie alle bringen ja bereits ein gewisses Maß an Homogenität mit. Hinzukommende Fremde sollten unkompliziert integriert werden, so dass sie sich schnell gut aufgehoben fühlen – hierzu kann der zu Unrecht verpönte Smalltalk wertvolle Dienste leisten, von dem noch ausführlich die Rede sein wird. Verfeindete Parteien oder Leute, die sich wirklich nicht ausstehen können, zum gemeinsamen Essen einzuladen, ist immer ein großes Risiko und sollte von Fall zu Fall mit Klugheit überlegt werden.

Das Ziel allen Stils ist stets die Harmonie – und das gemeinsame Essen bietet uralte, tief verwurzelte und hervorragende Grundvoraussetzungen dafür. Wesentlich ist es, dass alle gleichermaßen „auf Augenhöhe" sein können – von Mensch zu Mensch. Einmal keine Konkurrenz – davon bietet das Leben sonst doch wirklich genug. Das Prinzip „Fressen und gefressen werden" bleibt beim stilvollen Essen vor der Tür – und sei getrost den Stillosen überlassen.

Vom gefürchteten
Glatteis des Smalltalks

Den meisten von uns ist die Situation noch klar vor Augen, als sich anlässlich des dramatischen Unfalltodes von Prinzessin Diana vor dem Buckingham Palace gefühlte Kilometer von in Zellophan verpackten Blumensträußen stapelten, weinende Menschenmassen die Straßen säumten und das britische Königshaus in eine seiner schwersten Krisen geriet. Gerade noch rechtzeitig, um die Monarchie zu retten, reiste schließlich Königin Elisabeth aus dem fernen Schottland an, um über eine TV-Direktübertragung zu ihrem aufgewühlten Volk zu sprechen. Bei ihrer Ankunft in London stoppte ihre Karosse zunächst bei besagtem Blumenteppich, an dem sich Zigtausende von trauernden Engländern versammelt hatten und aufmerksam jede noch so kleine Geste ihrer Monarchin beobachteten. Diese schritt zunächst das glänzende Klarsichtfolienblumenmeer gravitätisch ab und wandte sich schließlich zu den Umstehenden um. Langsam, an der Seite ihres Prinzmahls Philipp, begann sie sodann, an den verweinten und aufgebrachten, schweigenden Menschen entlangzugehen. Immer wieder hielt sie inne, um kurz zu jemandem zu sprechen. Wohl jeder Fernsehzuschauer beugte sich vor und stellte den Ton lauter, um zu hören, was sie in dieser dramatisch angespannten Situation wohl sagen würde. Und plötzlich war die Kamera ganz nah dran am Geschehen – und ich konnte im fernen Deutschland klar verstehen, wie Queen Elisabeth II. zu einer älteren Dame sprach: „Have you come far?" („Sind

Sie von weit hergekommen?") Wer diese Anrede nun vielleicht als angesichts der Situation deplaciert empfindet, ahnt nichts von den Geheimnissen des Smalltalks, welcher in der Tat die Welt zusammenhalten kann, selbst wenn diese dem Untergange gefährlich nahe scheint.

Der Smalltalk hat indes keinen guten Ruf. Besonders sich intellektuell Wähnende halten ihn für oberflächlich und nichtssagend. Vielen Leuten ist er zudem ein Alptraum, da sie fürchten, unwissentlich gegen bestimmte Regeln zu verstoßen und sich selbst dadurch zu blamieren – womöglich sogar, ohne es überhaupt zu bemerken. Auch in unseren Breiten gibt es solche Regeln für den Smalltalk, die in jeder Lebenslage anwendbar sind und hervorragend funktionieren, sei es bei Einladungen zum Essen, sei es bei einem Empfang oder Cocktail – oder sogar zur Rettung der Monarchie (was bei uns in Deutschland allerdings seltener vorkommt). Gängige Stilberater können Ihnen hundertundeinen Tipp geben, wie man es am besten hinbekommt mit dem Smalltalk, wobei auffällt, dass selbst bei deren edelsten die Negativregeln vorherrschen. Sogar Fürstin Gloria von Thurn und Taxis kommt nicht daran vorbei: *„Schneiden Sie keineswegs eines der Themen Liebe, Tod, Broterwerb, die politische Großwetterlage oder Ihr Spezialgebiet an. Reden Sie überhaupt über nichts Ernstes."* Der Online-Knigge „Stil.de" ist sogar noch strikter: *„Es gibt Themen, auf die Sie beim Small Talk unbedingt verzichten sollten. Dazu zählen vor allem: Geld – Krankheit – Politik – Religion – Sex – Tod."* Was um Himmels willen kann man dann überhaupt ansprechen?

Hier wird deutlich, dass man dem Problem mit Klugheit, dem Grundschritt des Stils, begegnen muss und die ganze Sache erst einmal hinterfragen. Wer sind wir denn, absurd anmutende Regeln „einfach so" zu übernehmen, ohne auch nur im Mindesten zu verstehen, warum wir uns einen abbrechen sollen, um über die wenigen unverfänglichen Thema zu plaudern, die da noch übrigbleiben und die uns letztlich überhaupt nicht interessieren – etwa das Wetter oder eben „Have you come far?"

Das von vielen gefürchtete „kleine Gespräch", wie der Smalltalk übersetzt heißt, ist bei näherer Betrachtung in keiner Weise „unverbindlich", wie so oft behauptet wird – sondern seine Qualität ist es in der Tat, Menschen, auch einander völlig fremde, auf einfachste Weise zu verbinden. Es kann dazu dienen, die Tore der Kommunikation aufzustoßen und somit stilvoll zu Harmonie führen. Und zwar nicht in trauter Zweisamkeit im stillen Kämmerlein, sondern im Rampenlicht der Öffentlichkeit. Der Smalltalk überbrückt jenen gähnenden Graben, der sich zwischen Unbekannten auftun kann, die sich einander schutzlos und höchstens mit einem Sektglas bewaffnet nähern. Er beseitigt die Hürden des peinlichen Schweigens zwischen Leuten, die nichts oder nur wenig voneinander wissen. Und er kann Situationen retten, die vor aller Augen zu Katastrophen mutieren könnten ohne jenes leichte, unverbindliche Wort, das allein zur Entspannung zu führen vermag.

Regel Nummer eins beim Smalltalk heißt also: Unverbindliche Verbindlichkeit. Aus diesem kompliziert, ja geradezu paradox klingenden Grundschritt ergeben sich Tabus, genau wie bei jedem Tanz: Wenn die Tanzregel heißt: Einen Schritt nach rechts (und passend für die Partnerin: Einen Schritt nach links), so schließt das alle anderen Bewegungsabläufe wie „auf-Zehenspitzen-hüpfen", „mehrere-Schritte-geradeaus" oder gar „doppelter Rittberger" aus. Genauso ist es auch beim Smalltalk. Kapriolen wie tiefschürfende Gespräche über Politik, Religion, Einkommen, Sex oder Körperfunktionen mögen ihren Platz in Talkshows, im Beichtstuhl, beim Einstellungsgespräch, im Schlafzimmer oder beim Arzt haben – beim Smalltalk passen sie einfach nicht. Sie wollen mit dem Smalltalk ja Brücken bauen und nicht möglicherweise welche abreißen! „Angenehm, Meyer, ich bin überzeugter Christ" oder „Ich bin schwul und das ist auch gut so", mag manchen als mutige, provokant-gekonnte Gesprächseröffnung erscheinen – aber sagen Sie selbst: was kann Ihr Gegenüber darauf antworten? Höflich „wie interessant!" oder „wie schön für Sie" zu murmeln, macht die Gesprächsbrücke nicht tragbarer. Das Positivste, was jemand darauf antworten könnte, wäre „Oh, ich auch". Damit dürfte der Gesprächsfaden aber dann schon durchtrennt sein. Beim Smalltalk geht es aber darum, wie ein dahinfließender frischer Bergbach das Gespräch am „Plätschern" zu halten – und da wirkt es wie ein Betonwall im Fluss, wenn sich eine gepeinte Stimmung oder – horribile dictu – eine Gesprächspause einstellt. Denn was dem einen sein' Nachtigall, ist sehr häufig dem anderen sein' Uhl: „Finden Sie nicht auch, dass es mit der Kirche/dem Dalai Lama rapide bergab geht?" kann man höchstens mit „Ja" oder „Nein" beantworten – und wenn der Angesprochene auch noch treuer Katholik ist oder mit dem tibetanischen Buddhismus sympathisiert, ist er zudem noch gekränkt und wird sich schnellstmöglich abwenden. Dies kann auf sämtliche Weltanschauungen und auch auf die Politik angewandt werden. Diese Themen eignen sich einfach nicht zum brückenbauenden Smalltalk, da man allzu schnell in ein tiefes Fettnäpfchen treten könnte. „*Meine Frau ist leider vor drei Jahren verstorben*" – „*Oh. Immer noch am selben Friedhof?*" ist das dem berühmten Wiener Cafétier Leopold Hawelka anekdotisch zugeschriebene Paradebeispiel, warum auch der Tod kein wirklich gutes Thema zum Gesprächanknüpfen ist. Dasselbe gilt für das Tabu „Krankheiten". Gerade neulich erlebte ich eine besonders peinliche Situation: Man stand in einem lockeren Grüppchen beim Cocktail, einer der Gäste war ein aus Funk und Fernsehen bekannter Sportarzt. Eine hübsche junge Dame sprach wie ein Maschinengewehr auf ihn ein: Ihr Knie habe sie beim Jogging schwer verdreht, auch der Rücken mache Schwierigkeiten! Hier schmerze es ganz unerträglich und da – sie rieb Anteilnahme heischend an ihrer Schulterregion und am Ellenbogen herum. Ihr unnützer Arzt hätte nicht einmal Anstalten gemacht… „Gnädige Frau", unterbrach sie plötzlich der befremdete Doktor, „wenn Sie sich bitte direkt mal freimachen wollen?" Die ganze Gruppe löse sich so schnell auf, dass kaum einer das Kichern des anderen vernehmen konnte. Ein Smalltalkdesaster.

Dabei ist es so einfach. Meine Mutter, zugegeben eine Königin in der Kunst des Smalltalks, gab ihren Kindern eine denkbar einfache Regel mit auf den Lebensweg: „Gehe bei jedem Menschen, dem du begegnest, davon aus, dass er der interessanteste Mensch auf der Welt ist. Noch weißt du nichts von ihm. Aber du möchtest so viel wie möglich von ihm erfahren. Es lohnt sich. Immer." Gerade Schüchterne werden diese Vorgabe als besonders schwierig empfinden. Wie beginnen? Und genau hier setzt die unvergleichliche Wirkung des Smalltalks ein. Die Tanzschritte des Smalltalks mögen durch feste Regeln eingeschränkt sein, aber man kann sie virtuos drehen und wenden. Ihr Ziel ist es, in höchstens fünf Minuten so weit zu sein, dass der Gesprächspartner das Gefühl hat, er sei definitiv zur rechten Zeit am richtigen Ort – und Sie seien dort sein liebster Gesprächspartner. Eines ist nämlich völlig klar: Die allermeisten Menschen sprechen am liebsten über sich selbst. Die meisten wollen gleichzeitig aber nichts von sich preisgeben, gerade gegenüber Fremden. Sie genieren sich, fühlen sich unwohl dabei und werden zudem überfordert durch Stilregeln, deren Sinn sie nicht verstehen, denen sie aber doch folgen wollen, um nicht dumm dazustehen. Das ergibt den Krampf, zu dessen Lösung der Smalltalk – nicht umsonst in England! – erfunden und zur Perfektion geführt wurde.

Die berüchtigten Smalltalktabus sind dabei sogar von großer Hilfe: denn sie besagen, dass es – mit den erwähnten wenigen Ausnahmen – unerhört viele Themen gibt, die man anschneiden kann, um ein Gespräch ins Plätschern zu bringen. Natürlich eignet sich das Wetter auf jeden Fall. Nicht, dass dieses Thema irgendwie spannend wäre – es ergeben sich daraus nur in kürzester Zeit die besten Möglichkeiten, mit jemandem so vertraut zu werden, dass man eines Tages sogar möglicherweise über Religion oder gar Sex sprechen kann. Da muss man aber erst mal hinkommen! Die berühmte Verkürzung dieser vor allem in England unabdingbaren Eröffnung auf die Standardformel „schönes Wetter heute" ist einfach nur Ausdruck der Verachtung für den Smalltalk überhaupt und wird wohl nur von Menschen desavouiert, die sich auch mit einem schnöde-barschen „Und tschüss!" verabschieden würden. „War das nicht ein gigantischer Regenbogen gerade, den man auf der Herfahrt beobachten konnte?" – „Ich habe gar keinen gesehen, aus welcher Richtung sind Sie denn angereist?" – „Nun, mein Navigationsgerät wollte mich ja eigentlich über Dingshausen leiten, aber ich habe mal wieder zu spät reagiert und auf diese Weise kam ich diesmal über Jeneshofen…" – „Aber sind diese Navis nicht praktisch? Was haben wir denn früher gemacht, als wir noch die Landkarten auf dem Schoß hielten?" – „Ach, da sagen Sie was! Aber manchmal kann man auch furchtbar damit reinfallen. Neulich…" – und schon ist ein angeregtes Gespräch im Gange, bei dem Sie vieles über Ihren Gesprächspartner erfahren – und er über Sie. Das Wetter ist dabei nur der völlig ungefährliche Aufhänger einer Kette von neuen, quirligen Einfällen, wie Sie Ihrem Gesprächspartner näherkommen, ohne ihn zu bedrängen.

Praktisch ist es, wenn Ihnen jemand knapp vorgestellt wird: „Herr Meyer von der Firma Müller." – „Ah, ist das nicht die Firma, die gerade plant, eine Filiale in Dubai zu eröffnen?" – „Nicht dass ich wüsste, wir sind fest in Hintertupfingen etabliert." – „Hintertupfingen! Ist das nicht diese bezaubernde Ecke im Schwarzwald, wo diese Sendung… erinnern Sie sich?" – „Ach, Sie meinen wohl die Schwarzwaldklinik. Hintertupfingen ist aber leider im Thüringer Wald." – „Oh, da haben sie aber schwere Winter, nicht wahr? Neulich telefonierte ich mit einem Freund, der von zwei Meter hohen Schneewänden berichtete." – „Aber dafür haben wir auch hervorragende Wintersportverhältnisse dort!" – „Ach, Sie fahren Ski? Erzählen Sie!" – „Naja, eher Rodeln mit den Kindern." Und so weiter. Nach spätestens fünf Minuten wissen Sie dann auch, ob der Mann verheiratet oder geschieden ist, wie viele Kinder er hat, was er beruflich macht, welche politischen oder religiösen Themen Sie weiterhin besser meiden sollten – und womöglich ist es sogar der Beginn einer Freundschaft. Ohne dass Sie dem Mann durch die Verletzung von Smalltalktabus unangenehm „auf die Pelle gerückt" wären.

Es gibt unendlich viele Themen, die sich eignen, auf diese Weise zum Smalltalk „verwurstet" zu werden – probieren Sie es einfach aus. Ziel ist immer, Ihren Gesprächspartner besser kennenzulernen, ohne ihm zu nahe zu treten. Eine beeindruckende Positivregel für absolut unlösbare Fälle – auch das gibt es, meistens handelt es sich um Autohändler – präsentiert Philipp Tingler, der vorschlägt, bei ungewünschten Schweigepausen abrupt in eine bestimmte Richtung zu weisen und halblaut: „Da! Karl Lagerfeld!" zu rufen. Natürlich kann man auch jeden anderen prominenten Namen benutzen. Anschließend können Sie mit Ihrem Gesprächspartner die ganze Palette von Mode, Abmagerungskuren, Männerschmuck, Theater, Rockmusik, Musen und Fotografie nutzen. Solange Sie nur nicht über Sex sprechen.

Wie alle Stilregeln können auch Smalltalkregeln virtuos gebrochen werden, um ihr Ziel – das Zusammenbringen von Menschen, ihr besseres Kennenlernen und die Harmonie zwischen ihnen – zu erreichen. Einen überaus komischen Stilbruch in dieser Hinsicht erlebte ich kürzlich bei einem Essen in Köln, dessen Teilnehmer sich, wenn überhaupt, fast nur vom Hörensagen kannten. Ein gutaussehender, als hartnäckiger Junggeselle bekannter Historiker und Publizist bemerkte die etwas angestrengte Stimmung am Tisch, zog plötzlich sein Mobiltelefon hervor, aktivierte dessen Fotofunktion und reichte sein Handy an meinen Mann weiter mit den Worten: „Schauen Sie, mit dieser Traumfrau teile ich mein Bett!" (Verletzung des Sextabus!). Mein Mann, der ohne Lesebrille verloren ist, murmelte hilflos: „Ich dachte, Sie seien streng katholisch!" (Verletzung des Religionstabus!), und reichte die Kamera leicht gepeint an mich weiter. Ein kurzer Blick genügte: Auf dem Photo war Lucy, ein prachtvoller schwarzer Labrador zu sehen. Während der Apparat einmal um den ganzen Tisch herum gereicht wurde, bog sich die ganze Tischgesellschaft vor Lachen – der vorgebliche Tabubruch stellte sich als der beste Eisbrecher heraus.

Der verbindende, nicht abreißende Gesprächsfaden für die Dauer von etwa fünf Minuten als ebensolcher „Eisbrecher" ist der Sinn allen Smalltalks. Hüllen Sie Ihre Fragen in eine sanfte Unverbindlichkeit. Fragen Sie zum Beispiel nie: „Woher kommen Sie?" – denn die Antwort kann nur zwischen „Castrop-Rauxel" und jedem anderen Ortsnamen variieren, und sofort droht der schweigende Engel schon wieder zwischen Ihnen und Ihrem Gesprächspartner zu flanieren. Sie beginnen vielleicht langsam zu ermessen, wie hintergründig jenes „Have you come far?" der britischen Königin in der wohl kniffeligsten Smalltalksituation ihres Lebens war. Die Antwort darauf kann entweder lauten: „Nicht sehr, ich wohne nur einige Straßen weiter, aber ich komme schon seit Tagen immer wieder hierher und habe Blumen abgelegt...und trauere und habe die ganze Nacht hier verbracht, um Sie, meine Königin zu sehen." Oder: „Ja, ich bin den ganzen Weg von Exeter hierhergekommen, wie schon damals bei der Hochzeit der beiden, ach Majestät, ist das nicht alles schrecklich..." Sie sehen, eine simple hinzugefügte winzige Geste – königliche Hand auf dem Ärmel der Angesprochenen, leises Seufzen, Herausziehen eines Taschentuchs – konnte nun bewirken, dass eine Frau, die gerade noch voll Zorn auf das herzlose „Establishment" war, jetzt nach Hause fahren konnte im Bewusstsein, von ihrer Monarchin voll und ganz verstanden worden zu sein. Innerhalb von einer knappen halben Minute hatte sich für diesen Menschen die Welt positiv verändert. Ganz zu schweigen von der Königin. Dem Smalltalk sei Dank.

My home is my castle

Vor einigen Jahren war ich zur „House Warming Party" eines hier nicht näher benannt werden sollenden Ehepaares in München gebeten, das in Gesellschaft seines riesigen Freundes- und Bekanntenkreises das neue Styling seiner Bogenhausener Villa feiern wollte. Natürlich war jeder der Eintreffenden neugierig, denn man hatte schon gehört, dass wahre Wunderwerke der Einrichtungskultur zu erwarten waren. Das prominenteste und teuerste Einrichtungshaus Münchens hatte die Neuerungen mit Hilfe von Innenarchitekten und Designern vorgenommen. Man wurde nicht enttäuscht – die Füße versanken in flauschigen Teppichen, die Möblierung war vom Edelsten, die Maserungen der Holzboiserien fanden sich thematisch in den Mustern der schweren Vorhangstoffe wieder. Selbst die aufwendigen Blumenarrangements fügten sich harmonisch in das Gesamtkunstwerk „Living" ein. Besonders beeindruckte mich als Büchernarr die riesige Bibliothek. Herrliche, breite und gemütliche Ledersofas, ein flackerndes Kaminfeuer, schwere, am Boden schleifende Seidenvorhänge, welche – unfassbar! – die Farben der schweinsledernen Folianten in den deckenhohen Mahagoniregalen aufnahmen. Eine gewaltige Reihe von alten Lexika zog mich geradezu magisch an – und ich konnte der Versuchung nicht widerstehen: Ich zog einen der dicken Bände heraus. Jedenfalls versuchte ich es. Denn zu meiner größten Überraschung fiel mir auf mein vorsichtiges Ziehen federleicht der ganze Inhalt des Regalfaches entgegen. Der „Band" entpuppte sich als zusammenhängend mit der ganzen Reihe im Bücherregal. Neugierig machte ich an anderen Stellen der „Bibliothek" die Probe aufs Exempel. Tatsächlich: Die Bücher waren durchweg Attrappen. Natürlich behielt ich meine Entdeckung für mich und schloss mich schnell wieder der Gruppe der Bewunderer an. Aber meine Stilwelt war – ich gebe es gerne zu – ein wenig ins Wanken geraten.

Einerseits war besagtes Haus wirklich überaus harmonisch gestaltet – Farben und Formen passten perfekt zueinander und vermittelten Eleganz, Wohlbefinden und Wärme. Andererseits ist „Attrappe" nicht umsonst das französische Wort für „Falle" – nach dem Motto: wer anderen eine Grube gräbt, fällt selbst hinein. Hier hatten geschmackvolle Einrichter ihren Auftraggebern eine Identität auf ihr Haus „geschneidert", die ein bestimmtes Vorbild zu imitieren suchte – aber anders, als ein viel weniger stylisches Ikearegal mit tausend zerlesenen Taschenbüchern diente die durchgestylte Bibliothek mit den Pappbüchern allein der Täuschung des Betrachters. Es ging wahrscheinlich gar nicht in erster Linie um ein „mehr scheinen als sein" – sondern um die imitierte Befolgung einer Regel, die uns schon mehrmals beschäftigt hat und die an diesem Beispiel ganz plastisch wird: Grundannahme war wohl, dass zu einem gediegenen Haushalt Bücher gehören. Bücher zeugen von Belesenheit. Solche zeugt von Klugheit – und diese ist wiederum die Grundlage allen Stils. Einer unserer schon früher zu Rate gezogenen „Stilberater", der Religionskritiker Feuerbach, hätte sich sicher die Haare gerauft, wenn er das Ergebnis seines Diktums *„Stil ist ein richtiges Weglassen des Unwesentlichen"* am Beispiel der schweinsledern verbrämten Pappfolianten wiederentdeckt hätte, denn hier wurde genau das Wesen dessen

„weggelassen", was Bücher ausmacht! Was blieb, war ihre schöne Hülle – oder „Windhauch", wie der alttestamentliche Stilkritiker Kohelet es wohl benannt hätte.

Es geht nicht darum, dass ein stilvolles Ambiente Bücher voraussetzen würde. Mitnichten! Viele Leute lesen einfach ungern, warum sollten Sie sich dann künstliche Bücherwände aufstellen? Letzten Sommer hatte ich Gelegenheit, eine auf den grünen Hügeln Umbriens errichtete Luxusvilla zu besichtigen, in der kein einziges Buch zu sehen, deren herausstechendes Merkmal aber Quadratmeter von TV-Wänden in fast allen Räumen waren. Nicht, dass mir persönlich so etwas gefallen würde, im Gegenteil, ich wäre ziemlich verzweifelt, in einer solchen Umgebung leben zu müssen. Aber der Besitzer des Hauses war offenbar ein Fernsehfreak und hielt damit nicht hinterm Berg. Seine Räume waren darauf eingerichtet, jeweils allein, zu zweit oder im großen Freundeskreis – und sogar im Fitnessraum! – seinem offensichtlichen Lieblingshobby aufs Angenehmste und Bequemste zu frönen: Fernzusehen! Für Leute, die das schön finden, eine ideale und durchaus stilvolle Lösung. Wie der als „Dandy" bekannte britische Schriftsteller und Künstler Sebastian Horsley es so treffend sagte: *„Style is not elegance, but consistency"*, (Stil ist nicht Eleganz, sondern Konsequenz). Und er ist auf jeden Fall ehrlich – und da kommen wir einer weiteren Kategorie näher, die mit dem Stil untrennbar verbunden ist: Sein innerer Anspruch auf Wahrheit.

Und da wird es sofort schwierig. Was genau bedeutet „Wahrheit", bezogen auf die Wohnungseinrichtung? Zunächst einmal ganz profan: Dass diejenigen, die dort leben, sich wohlfühlen. Dass sie sich selbst wiederfinden in ihrer „Burg", wie in England jeder Reihenhausbewohner sein Reich nennt. Wohnungseinrichtungen dienen – wie alles, was zum Thema Stil gehört – nicht in erster Linie dazu, andere Leute zu beeindrucken, ja, sie vielleicht sogar neidisch zu machen. Sie dienen dem Leben, der Entspannung, der Verwirklichung der Individualität ihrer Bewohner. Hier geht es nicht ums Geschäft, nicht ums Herrschen oder Manipulieren. Hier geht es um Privatheit.

Der lange Weg ins „Chefzimmer" bei großen Firmen und dort wiederum die oft erhebliche zurückzulegende Distanz bis zum bombastischen Schreibtisch des „Herrschers" vor eindrucksvoller Kulisse zeigt, wo der Unterschied zwischen „offiziell" und „privat" in Bezug auf Gestaltung und Einrichtung liegt: in der zu erzeugenden psychologischen Wirkung auf Außenstehende. Man sieht es noch sehr deutlich gerade in großen Schlössern. Da gibt es repräsentative Räume, die einst in der Tat einem, man könnte sagen, beruflichen Zweck dienten: zu herrschen. Und in der Tat sind viele solcher Repräsentationsräume dazu bestimmt, den Besucher zu beeindrucken – und zuweilen sogar, ihn sich klein fühlen zu lassen angesichts der endlos langen, hohen, kalten Flure, die zu passieren sind, bis man durch viele, viele Fluchten von immer noch prächtigeren Sälen schließlich zum „Audienzsaal" gelangt. Nachdem in Schlössern – anders als in großen Firmen – heute nicht mehr geherrscht wird, verwerten viele Schlossbesitzer heute diese Repräsentationsräume auf andere Weise beruflich: für Seminare oder Hochzeiten. Jedenfalls werden sie so gut wie nie als Wohnräume benutzt. Für diejenigen Räume, welche jedoch zum „Living" dienen, gilt indes dasselbe wie bei allen anderen Menschen: Sie werden so eingerichtet, dass sich die Familie, die Menschen, die dort zuhause sind, darin wohlfühlen. Wohnstil beginnt da, wo es persönlich wird. Und wo Persönlichkeit zählt, geht es um Individualität. Diese ist so vielfältig, dass man unmöglich von *dem* Wohnstil sprechen kann – auch wenn Musterwohnungen, Innenarchitekten und Designer dies immer wieder implizieren. Natürlich hat jede Zeit ihren besonderen Stempel – galt noch vor einiger Zeit „das Biedermeierzimmer" oder die Delfter Kachel als besonders wohnlich, haben eine „neue Sachlichkeit" und dazu konkurrierend der gemütliche Landhausstil im Laura-Ashley-Style und viele andere Wohnmoden Akzente vorgegeben, an denen sich individuelle Menschen mit ihrer eigenen Geschichte und ihren ureigensten Bedürfnissen orientieren können. Neues, Ererbtes, Hinzugekommenes oder ironische Akzente, Hobbys und Lieblingsstücke, Kunst, Kitsch, Kindertauglichkeit oder strenge Eleganz – letztlich zeigt sich selbstbewusster Stil immer darin, dass modische Grenzen überschritten und Dinge zusammengefügt werden, die eigentlich nicht zusammenpassen – und doch wunderbar harmonieren, sodass sich jenes Gefühl einstellt, welches den Kontrapunkt zur Entfremdung darstellt: Das Zuhausesein. Es geht beim Stil überhaupt und auch beim Wohnstil immer um innere und äußere Harmonie. Die Kunst dabei ist, wenn mehr als eine Person ihr „castle" dekoriert, eine Symbiose oft weit auseinander liegender Geschmäcker, welche zusammen eine stilvolle Novität ergibt. Fred und Susan sind das Paar, das mir sofort einfällt, wenn ich an dieses Kunststück denke: Er ist Minimalist mit einem Faible für Edelstahl, sie schwärmt für üppiges, provenzalisches Interieur. Zwei Geschmacksrichtungen, die – könnte man denken – nahezu unmöglich zu vereinbaren sind. Wer aber ihr Haus in Südfrankreich besucht, wird sofort begeistert sein von dem Effekt, den die beiden aus ihrer individuellen Unterschiedlichkeit geboren haben: Eines der gleichzeitig gemütlichsten und funktionalsten Häuser, die man sich vorstellen kann. Metallene Kerzenständer küssen vanillefarbige Duftkerzen, das Weinregal aus Aluminium weilt einträchtig neben der Brotschale aus Terrakotta – und rundherum sitzen immer genügend Freunde, die beidem begeistert zusprechen. Es sind die Menschen, an denen man verankern kann, was man sieht und die „Style" mit Stil erfüllen.

Nicht jedem ist es in die Wiege gelegt, selbst seinen einzigartigen Wohnstil zu entwickeln. Und natürlich ist es auch immer eine Sache des Geldes, was man sich leisten kann. Die Anregungen von Wohn- und Lifestylemagazinen können ebenso auf Ideen bringen und inspirieren wie Ausstellungsräume: Das spricht mich an! So in der Art, das wäre etwas für mich! Und dann macht man sich auf und sucht, was dieser Idee und dem eigenen Portemonnaie entspricht. Einrichtungsberater und Designer erfüllen – allerdings nicht ganz billig – dieselbe Aufgabe: herauszufinden, was zu diesen bestimmten Menschen passt, und deren inneren „Film", der noch unsichtbar ist, zur Entwicklung zu verhelfen. Der beste Wohnberater ist in gewisser Weise immer auch ein guter Psychologe. Denn nicht allein das Aufpolieren der Oberfläche steigert die Lebensqualität. Weder das Mobiliar noch das Dekor von Stardesignern definiert „Stil", sondern allein das, was der unverwechselbaren Persönlichkeit der Bewohner entspricht. Wenn Wohnungseinrichtungen hingegen strikt nach Vorschrift eines Designer-Papstes verwirklicht werden, bleibt das ureigenste Persönliche, das unverfälscht Individuelle auf der Strecke. Das Wichtigste am Stil ist nämlich Authentizität und nicht der Zwang zum „stylischen" Gesamtkonzept. Adolf Loos, der berühmte österreichisch-tschechische Architekt und Architekturtheoretiker brachte Anfang des letzten Jahrhunderts in seiner Geschichte vom armen reichen Mann perfekt auf den Punkt, wohin ein an falschen Maximen orientiertes Stilbewusstsein führen kann: Ein wohlhabender Hausherr lässt sein Haus von A bis Z von einem Profi durchstylen. Jedes winzigste Detail wird dabei durchgeplant, bis hin zu den Hausschuhen des Auftraggebers, die farblich zum Interieur passend entworfen werden. Endlich ist das Gesamtkunstwerk fertig, der Architekt kommt erstmalig zu Besuch in seine Kreation: „Was haben Sie denn für Hausschuhe an?!", fährt er den Hausherrn zur Begrüßung an, als dieser ihm die Türe öffnet. „Aber die Schuhe haben Sie doch selbst entworfen!", erwidert der arme reiche Mann perplex. „Gewiss", kontert der Architekt, „aber für das Schlafzimmer! Sie zerreißen mit diesen zwei unmöglichen Farbflecken ja die ganze Stimmung."

II. Mehr als political correctness: Iustitia (Gerechtigkeit)

> *II. Les lignes.*
> *en avant et en arrière.*
> *Et avant, la dame tourne.*
> *Chassez à droite, à gauche.*
> *Tour de main.*
> *En avant huit en lignes et en arrière.*
> *Tour de main et révérence.*

Ein vollbesetztes Flugzeug. Die vorläufige Fughöhe ist gerade erreicht. Eine vornehme Frau mittleren Alters im eleganten beigen Pullover, hübsche Brille, drückt genervt auf den Serviceknopf. Sogleich kommt der Stewart und fragt nach ihren Wünschen. „Ich kann hier nicht sitzen", presst sie hervor. „Es ist eine Zumutung!" Die fassungslose Miene des Flugbegleiters deutet schon an, was der Kameraschwenk gleich darauf offenbart: Die „Zumutung" der Dame besteht darin, dass sie neben einem schwarzen Fluggast zu sitzen gekommen ist. Der Stewart entfernt sich für einen Moment, beratschlagt mit der Crew, kommt zurück und stellt, den Blick zunächst auf die Frau gerichtet, fest: „Es ist wirklich eine Zumutung, dass ...", darauf blickt er den verschüchterten Schwarzen an, „... *Sie* hier sitzen müssen. Deshalb bekommen Sie jetzt einen Sitz in der Business Class." Der Fluggast erhebt sich zögernd, die Frau blickt verblüfft um sich und die Mitreisenden wenden sich von ihr ab. Die 45-Sekunden-Szene ist ein „Zeig-Zivilcourage"-Spot gegen Rassismus und nicht ein Beispiel, wie unerträglich schlechtem Benehmen stilvoll begegnet werden kann. Und doch zeigt der Spot ein Element, ohne welches der Stil unmöglich auskommt. Gerechtigkeit oder: *Iustitia*. Mit verbundenen Augen wird sie abgebildet als Zeichen dafür, dass sie ohne Ansehen der Person richtet. Und mit der Waage, die aus dem Gleichgewicht Geratenes wieder ins Lot zu bringen vermag.

Gerechtigkeit ist weit mehr als „political correctness", die besagt: „Das kann man doch heutzutage nicht mehr so sagen". Gerechtigkeit erkennt messerscharf: „Das war unrecht", und zwar unabhängig davon, ob weltliche Gerichte eine Tat ahnden könnten oder nicht. Und der Gerechte bleibt bei dieser Feststellung nicht stehen: Er versucht das Unrecht auszugleichen. In Balance zu bringen. Den Zustand wieder herzustellen, der da aus dem Lot geraten ist. Der große deutsche Philosoph Emanuel Kant brachte es auf den Punkt: *„Das größte und meiste Elend der Menschen beruht mehr auf dem Unrecht als auf dem Unglück."* Dass „Elend" der Harmonie diametral entgegensteht, wird jedem einleuchten. Umgekehrt muss das bedeuten, dass Gerechtigkeit der Harmonie dienlich ist – und dass deshalb Stil ganz unmittelbar mit dieser handfestesten aller Tugenden zusammenhängen muss. Josef Pieper beschreibt die Gerechtigkeit als *„die willentliche Haltung, jedem das Seine zu geben"*. *Suum cuique* – von Platon über Aristoteles, von Cicero über Ambrosius und Augustinus: Die Maxime „Jedem das Seine" ist grundlegend nicht nur für das abendländische Denken, sondern auch für den Stil. Wer dagegen verstößt, handelt stillos – man spricht auch von „schlechtem Benehmen", und das „schlecht" daran ist nicht etwa nur als unangemessen oder etwas peinlich zu verstehen, sondern als das Gegenteil von „gut" in der ganzen Wucht seiner Bedeutung. Religiös würde man sagen: Böse – oder sündhaft.

Das Beispiel aus dem Werbespot zeigt ganz gut auf, worum es dabei geht: Die Frau billigte ihrem Nebensitzer nicht „das Seine" zu, nämlich einen Platz im Flugzeug, genau wie sie selbst ihn hatte. Sie ging davon aus, dass ihm dieser Platz (neben ihr) nicht zusteht – deshalb war seine Anwesenheit für sie auch „unerträglich". Und warum? Weil sie ihn letztlich nicht als Mensch sieht, dem zusteht, jeden Platz im Flugzeug zu bekommen, für den er als Gegenleistung – genau wie alle anderen Fluggäste – bezahlt hat. Das Interessante an der Gerechtigkeit ebenso wie an der Ungerechtigkeit ist, dass beide sich nicht irgendwo auf geistiger Ebene bewegen (auch wenn Philosophen, Juristen und Dichter ungeheuer viel über sie nachgedacht haben und es immer noch tun). Sie zeigen sich immer ganz konkret im Handeln – und zwar nicht an irgendeinem Handeln, sondern wiederum ganz konkret in der Interaktion mit anderen Menschen. Auf den Tanz übertragen: am Tanzpartner. „Der Andere" ist der Partner der Gerechten – und der Stilvollen. „Partner" bedeutet dabei jemand, mit dem man ein Abkommen geschlossen hat. Beim Tanz zwar nur für die Dauer eines Musikstücks – aber keine Sekunde kürzer. Der „Partner" des Gerechten (oder: des Stilvollen) ist hingegen jeder Mensch, der ihm begegnet. Und das „Abkommen" basiert dabei auf der alle Menschen umfassenden Übereinkunft, den Anderen so gelten zu lassen und anzuerkennen, wie er ist. „Das Seine" bedeutet dabei das, was jedem Menschen zusteht, was jeder vom anderen zu Recht fordern darf. Jeder Mensch hat ein Recht darauf. Christen begründen dieses Recht aus der Überzeugung, dass jeder Mensch als Person ein Geschöpf Gottes ist. Säkular erwächst dieses Recht aus der Tatsache des Menschseins. Dieses Recht (aus dem die Gerechtigkeit entspringt) ist „das Seine" eines jeden Menschen. Stil bedeutet somit, jedem Menschen willentlich – und nicht etwa nur so als Idee – das Seine unabdingbar zuzugestehen. Das betrifft nicht nur einen Gegenwert für etwas, das man bezahlt (Miete, Lohn, Handel etc.), sondern auch Güter wie Respekt und Redlichkeit. Und zwar vollkommen unabhängig davon, welche Hautfarbe, welches Geschlecht, welche Religion, welchen Beruf oder welche Beeinträchtigung jemand aufweist, ob er Freund oder Gegner, Konkurrent oder Kollege, Chef oder Dienstbote ist. Wer „keinen Vertrag damit hat", wie man im Rheinland sagt, handelt stillos. Und hier kommen wir dem glasharten Kern des Stils näher, der uns anfangs doch noch so verstaubt zum Husten brachte: Im Griechischen besagt das Wort *opheilómenon* gleichermaßen „das Gebührende, das Gesollte, die Pflicht". Die Pflicht aller Tugend, die den Stil von innen heraus prägen muss, ist die Anerkennung, dass wir unserem „Partner", also dem Menschen, der uns begegnet, etwas schuldig sind, was ihm aus seiner Menschenwürde heraus zusteht. Stilvoll ist also der, der sich mit seinem ganzen Willen in die Pflicht nehmen lässt, das dem Anderen Gebührende anzuerkennen und danach zu handeln.

Nun werden Sie vielleicht sagen, dass etwas so namenlos Stilloses wie im oben geschilderten Spot ja nun doch wirklich sehr selten vorkommt – gerade heutzutage. Die

Wahrheit ist, dass es uns allen ständig begegnet: Mobbing und Überheblichkeit, Ausgrenzung und Verachtung, Snobismus und Hartherzigkeit, Beleidigung und Herablassung, üble Nachrede, Spott, Schadenfreude und Unfairness – Sie sehen, der Stillosigkeiten sind keine Grenzen gesetzt. Außer jene der Gerechtigkeit, deren Schrittfolgen lauten:

Jedem das Seine!
Den anderen als Partner anerkennen
Denken ist Silber, Tun ist Gold
Den Willen bilden
Nichts schuldig bleiben
Das Gleichgewicht wieder herstellen

Und nun wieder aufs Tanzparkett. Zweite Tour!

Fair play – vom schönen Kern des Stils

Dieses Tennisspiel sollte in die Geschichte eingehen. Noch 50 Jahre später wurde es von Sportjournalisten aus aller Welt bei einer Umfrage des amerikanischen „World Tennis Magazin" mit dem Titel „Spiel der Spiele" ausgezeichnet. Generationen später wird dieses Spiel auf dem Center Court in Wimbledon als das beste und das dramatischste bezeichnet, das jemals stattgefunden hat. Dort standen sich die damals weltbesten Tennisspieler, der Amerikaner Donald Budge und der Deutsche Gottfried von Cramm gegenüber. Von Cramm begann das Spiel gegen Budge furios und gewann die ersten beiden Sätze. Budge konterte und konnte bravourös die beiden nächsten Sätze für sich entscheiden. Ausgleich. Im alles entscheidenden fünften Satz spielten sich die beiden Kontrahenten in einen Rausch. Hingerissen und begeistert verfolgten die Zuschauer das Spiel. Bill Tilden, der viele Jahrzehnte als bester Tennisspieler aller Zeiten galt, kommentierte das Spiel als Augenzeuge: „Ich habe noch niemals zuvor ein derartiges Tennisspiel gesehen und noch niemals zuvor bessere Spieler". Von Cramm führt im letzten Satz 4:1. Badge verkürzt auf 6:5. Zwei Punkte fehlen von Cramm noch zum Sieg. Budge zielt knapp auf die Linie – der Schiedsrichter gibt den Ball „aus". Matchpunkt für den Deutschen! Plötzlich eine Unterbrechung. Von Cramm geht zum Schiedsrichter. Dem Publikum stockt der Atem. Kleine Diskussion zwischen dem Referee und dem Spieler. Die Linienrichter werden herbeigerufen.

Von Cramm zeigt mit seinem Schläger auf den Punkt, auf dem der Ball seines Kontrahenten aufgeschlagen ist: Er war nicht im „aus" gelandet. Der Ball war im Feld. Der Schiedsrichter gibt dem Widerspruch von Cramms recht. Das Spiel geht weiter. Donald Budge macht den Punkt und gewinnt schließlich das Finale aller Finale im Jahr 1937 auf dem heiligen Rasen von Wimbledon. Im Augenblick der größten Chance seiner gesamten Kariere setzte Gottfried von Cramm auf Fair play statt auf Sieg. Wann auch immer heute noch sein Name in England bewundernd erwähnt wird, immer heißt es: Dieser Mann hatte wirklichen Stil.

Im Sport, wo es am offensichtlichsten um das Gewinnen und Verlieren geht, wird besonders deutlich, was „Fairness" bedeutet, jenes Wort, das aus dem Englischen in so gut wie alle Sprachen eingegangen ist. „Fair" bedeutet dabei „anständig", „ordentlich" und „partnerschaftlich" und drückt in der Tat eine Form individueller Gerechtigkeit und Angemessenheit aus. Woran wird das „Maß" genommen, an welchem sich „fair play" misst? Einerseits im Bemühen der Sportler, die gegebenen Regeln eines Spiels bewusst und unbedingt einzuhalten – auch dann, wenn es ihrer Gewinnchance zum Nachteil gereicht. „Fair" hat im Englischen aber auch die Bedeutung von „schön" und von „hell". Da scheint etwas von der griechischen Sichtweise der Gerechtigkeit durch, die *„so schön wie nicht einmal der Abendstern noch der Morgenstern"* sei, wie Aristoteles in seiner Nikomachischen Ethik darlegte. Da leuchtet eine Gesinnung auf, welche die innere Beschaffenheit einer Person beschreibt. Hier finden wir jenen bereits beschriebenen Kern des Menschen „an sich", der wie ein noch unentwickelter Film das „Bild" bereits enthält, welches aber entwickelt und schließlich durch das gerechte Tun ans Licht gebracht werden muss. Wenn dieses innerste Proprium nach außen strahlt, zeigt sich Stil. Und er fällt besonders eklatant auf, wo jemand aus freiem Willen (von Cramm hätte ja einfach den Schiedsrichterspruch akzeptieren und davon profitieren können!) dem anderen das Seine lässt – und dafür auch ausdrücklich den eigenen Nachteil in Kauf nimmt.

In anderen Kontexten erscheint Fairness weniger offensichtlich als Gerechtigkeit, sondern schlicht als Anstand. Wer hätte nicht schon diese vornehmen Talkshows – ich spreche hier also nicht von Trash-TV – gesehen, in denen gebildete Leute sich mit wohlgesetzten Worten zuweilen derart unfair behandeln, dass man sich fragt, wie sie sich anschließend eigentlich noch die Hand zum Abschied reichen wollen. Es geht hier nicht um eine Kritik an Debatten. Deren Sinn ist es ja, weit auseinander liegende Meinungen zu einem kontroversen, aber gemeinsamen Gespräch zu vereinen. *„Fairness ist die Kunst, sich in den Haaren zu liegen, ohne die Frisur zu zerstören"*, spitzte der österreichische Kabarettist Gerhard Bronner das stilvolle Diskutieren zu – und recht hat er: Manch einer verlässt eine solche Talkshow innerlich gerupft. Da wird dem anderen ins Wort gefallen, einer übertrumpft den anderen an Lautstärke, nur um ihm ja kein Gehör zu verschaffen. „Würden Sie mich vielleicht bitte mal ausreden lassen?" ist wohl der am häufigsten gesagte Satz in modernen Talkshows. Oft genug ertönt er sogar absurder Weise von den selbst ernannten Wortführern, wenn sich die Übertönten einmal kurz vorwagen. Das Unfaire daran ist, dem anderen nicht „das Seine" zu lassen. Nicht seine Stimme im Konzert der Stimmen, nicht seine Meinung – und zuweilen nicht mal das, was zu seiner äußeren Persönlichkeit gehört. Unvergesslich jene Gesprächsrunde in „Menschen bei Maischberger", in der eine prominente Sängerin, der die Argumente ausgingen, gegenüber ihrer Diskussionspartnerin plötzlich zum ultimativen Stil-GAU ausholte: „Ich finde das furchtbar, was diese dicke Frau mit mir macht." Die Angesprochene reagierte so stilvoll, wie es nur irgend möglich ist, indem sie einfach lächelte. Aber eine Sekunde lang war doch in ihren Augen die schmerzhaft-ungläubige Fassungslosigkeit von jemandem zu beobachten, dem hinterrücks eine Verletzung beigebracht wird. Das sind Momente, die auch beim unbeteiligten Zuschauer – soweit er Stil hat – peinliche Gefühle auslösen. „Fremdschämen" wird diese Regung heutzutage zynisch genannt und sie gilt inzwischen als Attitüde der „Weicheier". Sie entspricht aber durchaus der Haltung des Stilvollen, der stets nach Harmonie strebt, und zwar nicht nur nach Harmonie für sich, sondern für alle. *„Schamgefühl"* soll einer Definition zufolge *„auf dem Bewusstsein beruhen, durch unehrenhafte, unanständige oder erfolglose Handlungen, sozialen Erwartungen oder Normen"* nicht entsprochen haben. Aber es ist mehr als das: Es geht nicht nur um gesellschaftliche Normen, es geht um eine Verletzung der menschlichen Integrität, die auch über ein Individuum hinauswirkt. Was auch immer einer sagt oder tut, ist gerecht oder ungerecht. Ohne Ausnahme. Alles äußere Tun ist daher sozial erheblich. Die schamlose Verletzung von einem Einzelnen – durch Worte und Taten – ist eine Wunde, die den ganzen sozialen Verbund mit betrifft – deshalb spricht man auch von Betroffenheit, ein Ausdruck, der interessanterweise inzwischen auch mehr und mehr in Misskredit gerät. Diese „trifft" nicht nur den, an welchem der verletzende „Treffer" angesetzt wird, sondern auch seine sozialen Partner, sprich, seine Mitmenschen. Zumindest diejenigen, die Stil entwickelt haben und sich durch das schamlose „Frechheit siegt!" selbst in menschlicher Solidarität mitbetroffen fühlen. Wer selbst Fairness und somit Stil entwickeln will, kann eine denkbar einfache Regel anwenden: Keine persönlichen Bemerkungen. Eltern müssen hier Vorbilder für ihre Kinder sein, ihnen aber auch frühzeitig erklären, was „Kränkung" konkret bedeutet. Kinder und vor allem Jugendliche können das durchaus nachvollziehen – man darf sich dieser Mühe nur nicht entziehen nach dem Motto: Das werden sie schon von selber lernen. „Hui, hat die Frau aber dicke Säcke unter ihren Augen!" oder „Warum glänzt der Kopf von dem Mann wie eine Kugel?" – „Warum hat die Anne so große weiße Pickel im Gesicht?" ist bei Kindern noch nichts anderes, als Ausdruck ihrer scharfen Beobachtungsgabe. Dennoch macht es die Verletzung dessen, der von einem solchen „Bonmot" getroffen wird, in keiner Weise schmerzloser. Wer alles niedlich und hinreißend findet, was Kindermund so daherplappert und nicht ein Quäntchen davon korrekturbedürftig findet, sollte bedenken, dass er Gefahr läuft, stillose kleine Monster heranzuziehen. Es gibt leider genügend Erwachsene, die nie bemerken, was sie mit solchen „personal remarks" anrichten und solche Stillosigkeit auch noch als „ehrlich" und somit besonders tugendhaft empfinden. In diesem Zusammenhang ist auch das Scherzen mit Namen zu erwähnen. Es ist schlicht unfair, dumme Witze mit Namen zu machen, für die niemand etwas kann und die zum „Seinen" des Trägers gehören. Die einzige erinnerungswürdige Ohrfeige meines Lebens erhielt ich, als ich einem zu Besuch kommenden Herrn als Fünfjährige entgegenschmetterte: „Herr Maul, Herr Maul, der hat ein großes ..." Weiter kam ich nicht. Und das war auch gut so.

Eine dem Stil diametral entgegengesetzte Regung ist indes die Schadenfreude. Wie oft kommt klammheimliches Vergnügen auf, wenn einem ein Mißgeschick passiert oder der vermeintlich Stärkere unter Umgehung der Regeln ausgetrickst wird? Ich muss gestehen, es hat mich zuweilen ein wenig beunruhigt, dass es in keiner anderen Sprache der Welt eine Übersetzung für diesen deutschen Terminus gibt. In einem Land, dessen Bewohner einzigartig in ihrer Hochherzigkeit sind, wenn es darum geht, zu Schaden gekommene Menschen durch Spenden zu unterstützen um deren – aus welchen Gründen auch immer – aus dem Lot geratenen Anspruch auf Gerechtigkeit Ausgleich zu verschaffen, kann dies kein Indiz dafür sein, dass dieser Charakterzug nur unserem Volk eigen ist. Vielleicht haben die „Dichter und Denker" nur einem besonders hässlichen und stillosen Gefühl einen trefflichen Begriff zugewiesen, über dessen Vorhandensein andere einfach per se nicht gerne tiefer nachdenken. Allerdings läge es dann auch nahe, einmal zu überlegen, ob man auf Schadenfreude ausgelegte Formate insbesondere im Fernsehen – und hier wären wir nun beim Trash – wirklich ansehen sollte. Sie schaden der Entwicklung von Fairness und damit dem Stil des Einzelnen, sie schaden der Beziehung von Menschen untereinander und somit der ganzen Gesellschaft – und nicht zuletzt schaden sie dem Schadenfrohen am allermeisten selbst: Denn sein inneres Potential zur Gerechtigkeit wird beim Betrachten solcher Szenen zerstört wie eine unentwickelte Filmrolle, welche in die Toilette gespült wird.

Wenn bei unserem Tanz, der uns durch diese Überlegungen führt, ein Partner dem anderen mit voller Wucht ins Knie tritt, ist der gesamte Tanz zerstört. Zwar sind die anderen Mittanzenden nicht selbst verletzt, aber der

Reigen ist von innen heraus erschüttert, das Malheur färbt auf verhängnisvolle Weise auf alle ab. Der Tanz gerät durcheinander und kann nicht mehr fortgesetzt werden, als sei nichts passiert. So ist es auch mit mangelnder Fairness, im Sport, im Geschäft und im Umgang miteinander. Umgekehrt ist es aber glücklicherweise genauso: Die Fairness Gottfried von Cramms, des Tennisbarons, der lieber seinen bevorstehenden Sieg im „Tennismekka" Wimbledon opferte, als seinem Gegner „das Seine" vorzuenthalten, begeisterte nicht nur die Engländer damals für einen gerechten Deutschen, dessen Land sich zur selben Zeit als finsterstes und ungerechtestes Regime unter der Sonne präsentierte. Die Ausstrahlung wahren Stils dieses Sportlers durch seine Fairness konnte der Welt damals zeigen, dass es *den* „hässlichen Deutschen" nicht gibt.

Kaiser, König, Edelmann, Banker, Kellner, Müll(er)mann

Das stilvollste Hotel, das sich nur denken lässt, hoch über den Wäldern des Schwarzwaldes gelegen. Ein Spa-Bereich, der seinesgleichen sucht, der riesige Pool vermittelt den optischen Eindruck, sich direkt in die umliegende Natur zu ergießen, herrlich bequeme, helle Designerliegen drum herum, darauf gepflegte Menschen in weichen, weißen Bademänteln. Unaufdringliche Hintergrundmusik dazu – Himmel. Plötzlich ein greller Pfiff. Erschreckt fahre ich aus den wohligen Träumereien auf und glaube, meinen Augen nicht zu trauen. Einer der Gäste am Pool setzt gerade die zu einem O geformten Daumen und Zeigefinger zwischen die Lippen – und wieder ertönt ein markerschütternder Schrillton. Ist der Mann vielleicht verrückt geworden? Zuviel heißes römisches Dampfbad genossen? Aus dem Augenwinkel sehe ich den jungen Kellner von der Poolbar mit fragendem Blick heraneilen. Der pfeifende Gast macht eine schroffwinkende Handbewegung und fordert – einen Campari Orange.

Alle, die diese Szene miterlebten und denen ich davon erzählte, waren ernsthaft schockiert. Wie kann man so mit einem Menschen umgehen? Das ist ja ganz unfassbar! Ein Stilbruch ohnegleichen. Keinerlei Widerspruch. Mir ging es genauso. Um der Frage auf den Grund zu gehen, warum – glücklicherweise! – die allermeisten Menschen solches Benehmen als unerträglich stillos empfinden, auch wenn sie noch nie ein Stilbuch in Händen hatten, stellen wir uns aber mal ganz dumm und fragen, warum wir mehrheitlich so empfinden. Es gibt nur sehr wenige Menschen, die sich heutzutage der Idee der Gleichheit aller Menschen widersetzen. Zumindest in der Theorie. Dieselbe Theorie lautet, dass es keine Klassen mehr gäbe, gelobt und getrommelt seien die Effekte von Aufklärung und Französischer Revolution. *„Alle Menschen werden Brüder"*, jubelt Schillers Ode an die Freiheit – und „Brüder" ist das Synonym für das Fallen aller trennenden Schranken durch Herkunft, Stand und Klassen. Gendermäßig sagt man heute „Geschwisterlichkeit", denn zu den „Brüdern" dürfen sich inzwischen auch die „Schwestern" dazugehörig fühlen. So weit die Theorie. Über die Praxis können all jene berichten, die Brüder und Schwestern haben: es gibt keine Gleichheit, nicht mal in einer Familie. Da gibt es den hochintelligenten Forscher, die soziale Krankenschwester, den Karrieristen und die Familienmutter, den Hartz-IV-Empfänger und die Konzernchefin – so unterschiedliche Lebensverläufe können bei gleichen Chancen in einer einzigen Großfamilie deutlich zeigen, dass „Gleichheit" sich jedenfalls sicher nicht am Werdegang bemessen kann. Ebenso wenig kann sie das an emotionaler Ähnlichkeit: Da gibt es innerhalb ein und derselben Familie den Zornigel und die Ausgleichende, den Witzbold und den Streithammel, die Nüchterne und den Zaudernden – unendlich viele andere Kombinationen sind denkbar. Wer ein paar Geschwister hat, weiß, dass „Geschwisterlichkeit" nicht bedeutet, dass man sich weniger streitet – sondern eher mehr. Das einzige, was oberflächlich betrachtet Geschwister zu Geschwistern macht, ist ihre gemeinsame Abstammung, wenn alles gut läuft, dieselben Chancen – und das ist es dann auch schon. Das Ideal der „Gleichheit" ist, so weit es missverstanden wird, ein feierliches säkulares Postulat, das mit der Wirklichkeit sehr wenig zu tun hat.

Wenn es nun schon unter echten Geschwistern keine Gleichheit gibt, ist es nicht erstaunlich, dass es sie unter Nichtverwandten schon gar nicht geben kann. Insofern könnte die oben gezeichnete Szene emotionslos betrachtet viel weniger schockierend sein, als sie zunächst anmutet: Einer, der es auf der Erfolgsleiter weit gebracht hat (sonst könnte er sich kein so exklusives Hotel leisten), pfeift einen anderen herbei, der dafür bezahlt wird, Arriviertere als er selbst es ist, zu bedienen. Genau da liegt aber der Fehlschluss. Tatsächlich liegt hier ein Tauschhandel vor: Ein Mensch bezahlt dafür, dass ein anderer Mensch ihm seinen Drink an den Pool bringt. Mit „Klassen" hat das nur dann zu tun, wenn man die eine Disposition als höherwertiger befindet als die andere. Aber im Prinzip ist die Situation nicht anders als an der Käsetheke des Supermarktes, wo einer hinter der Theke steht und der andere davor, der eine dem anderen ein Stück Brie de Meaux abwiegt, verpackt und zureicht, und der andere im Wechsel dafür vier Euro fünfzig auf den Tresen legt. Über „Klassen" denkt dabei wahrscheinlich keiner von beiden nach. Jedem das Seine. Das Verhältnis von Hotelgast und Kellner ist genau dasselbe. Der zahlende Gast bezahlt für die Dienstleistung der Bedienung und nicht dafür, dass er einen Menschen wie einen Hund behandeln darf. Dafür müsste er sich woanders hinwenden – wer solche Bedürfnisse hat, findet entsprechende Angebote, sagt man, in bestimmten Bordellen, die sich auf sadistische Praktiken spezialisiert haben. Dort kann man sicher auch gegen Bezahlung jemanden wie einen Hund heranpfeifen. In solchen Etablissements hat auch das Umgekehrte Konjunktur: dass Leute dafür bezahlen, um von einer Domina wie ein Hund behandelt zu werden. Wie der Hund eines Sadisten, besser gesagt. Ein Hotel ist aber, wie jeder zugeben wird, kein Sado-Maso-Bordell.

Der Stilvolle, dem es stets um Harmonie geht – für welche auch durchaus Schillers Vorstellung der Brüderlichkeit steht – ist sich der Tatsache bewusst, dass es Unterschiede gibt. „Klassen" würde er wahrscheinlich nicht dazu sagen (außer vielleicht in England, wo die Leute in dieser Hinsicht einfach realistischer sind), aber die Klugheit sagt ihm, dass es gut ist, dass die Menschen unterschiedliche Gaben haben. Gäbe es nur Universitätsprofessoren, hätten sie keine Wurst auf ihrem Frühstücksbrötchen, für welche der Bauer, der Metzger und die Fleschereifachverkäuferin sorgen. Hätten alle stattdessen Philosophie studiert, sähe die Welt ziemlich trübe aus. Es gäbe keine Autos, Trambahnen und Züge, mit denen man sich aus dem Elfenbeinturm in die Metzgerei begeben könnte, es gäbe natürlich keine Wurst und sowieso keine Metzgerei, es gäbe nicht mal Papier, in welches man die Wurst (die es wie gesagt nicht gäbe) einwickeln könnte, geschweige denn philosophische Traktate darauf niederschreiben könnte. Es gäbe keinen Müllmann, der einem vom Abfall befreien würde, ja, es gäbe keinen Abfall, weil es überhaupt keine Güter, sondern nur kluge Gedanken gäbe. Gott sei Dank sind nicht alle Menschen gleich, denn sonst wären wir alle schon verhungert oder im Müll erstickt.

Dies vorausgesetzt, ergibt sich ein ganz neues Bild: Um die verschiedenen Gaben der verschiedenen Menschen so einzusetzen, dass alle von den unterschiedlichen Fähigkeiten aller etwas haben, hat sich der Tauschhandel als ideale Maxime bewährt: Der Bauer verkauft sein Tier dem Metzger, dieser schlachtet es und verarbeitet es zu Wurst und verkauft diese dem Banker, der Hausfrau und dem Philosophieprofessor. Mit Dienstleistungen verhält es sich ebenso: Wer ein Ticket kauft und sich in den Zug setzt, um damit von München nach Berlin zu fahren, bezahlt die Dienstleistung des Transportes. Wird diese Dienstleistung nicht (oder mit großer Verspätung) eingehalten, erhält er sein Geld oder einen Teil desselben zurück, welches er für diesen Tauschhandel bezahlt hat. Wer seine Wohnung nicht selbst putzen will oder kann, bezahlt eine Putzfrau (heute sagt man irgendwarum „Raumkosmetikerin", um die ehrbare Tätigkeit des Saubermachens zu verbrämen) dafür. Wer seiner Putzfrau ihren Dienst nicht bezahlt, verhält sich ebenso unrechtmäßig wie jemand, der seine Miete schuldig bleibt: Er hält seinen Teil des Vertrages nicht ein. Einer der großen Stilskandale unserer Zeit sind die Arbeitsverhältnisse, welche sich „Praktika" nennen. In solchen Modellen arbeiten gut ausgebildete Akademiker, die unfassbar gering oder zuweilen gar nicht für ihre Arbeitsleistung bezahlt werden. Ihre Hoffnung auf einen dauerhaften Job wird schlicht ausgenutzt. Sie werden zu Sklaven gemacht, intelligent, aber rechtlos. Der Austausch, von dem unsere Gesellschaft lebt, wird hier schlicht untergraben. Diese Praxis darf nicht hoffähig werden, denn sie zerstört die Gesellschaft viel nachhaltiger als es die als politisch unkorrekt verpönte Annahme von „Klassen" vermag. Wenn man die „Klassengesellschaft" nämlich einmal so nüchtern auf den gegenseitigen Austausch von Gütern und Dienstleistungen reduziert, wird deutlich, dass sich daraus keinerlei Abwertungsmechanismen ergeben können, es sei denn, jemand sei böswillig oder einfach dumm. Das, was stillos ist, ist nicht die Inanspruchnahme von Dienstleistungen. Auf solche ist jeder Mensch angewiesen, ausnahmslos. Stillos ist, wenn man glaubt, Menschen aufgrund ihrer Tätigkeit weniger als Menschen behandeln zu dürfen. Denn genau das ist es, was die grundgesetzliche „Gleichheit" besagt: Wie in einer Familie, wo das einzige, was die Geschwister wirklich verbindet, ihre Eltern sind, ist es die gemeinsame Abstammung als Menschen, die uns zum stilvollen Benehmen gegenüber jedem Menschen verpflichtet, ganz egal, ob er Straßen kehrt oder Bankgeschäfte tätigt, ob er Kranke heilt oder Müll verbrennt.

Aus dieser Verpflichtung erwachsen unsere Höflichkeitsrituale: Wir sagen „bitte", wenn wir eine Wurstverkäuferin um Lyonerwurst fragen, auch wenn wir anschließend zwei Euro dreißig für diesen Tauschhandel hinlegen. Wir sagen „danke", wenn wir unser Bahnticket entgegennehmen, für welches wir gerade bezahlt haben. Das „bitte" und „danke" gilt nicht dem Tauschhandel (dafür bezahlen wir), sondern dem Menschen, der unser Partner in diesem Geschäft ist. Es ist eines der alarmierendsten Zeichen für einen großflächigen Verlust von Stil, dass diese Mindesthöflichkeitsformen mehr und mehr verloren gehen. Oft handelt es sich einfach um Gedankenlosigkeit oder mangelnde Erziehung, zuweilen geschieht aber die Weigerung, zu bitten und sich zu bedanken bei Dienstleistungen, die man bezahlt, aus den falschen Gründen: Weil man dem Menschen, den man auf einem „niedrigeren" Level einstuft als sich selbst (obwohl man natürlich nie von „Klassen" sprechen wollte!), aus Vornehmheit nicht beschämen möchte durch die Tatsache, dass man ihn überhaupt mit der eigenen Vortrefflichkeit konfrontiert. Lieber tut man verschämt so, als hätte gar kein Handel stattgefunden, weil wir ja alle gleich sind.

Als ich kürzlich auf einer Lesereise in ein unvergleichbar stilvolles Hotel am nördlichsten Zipfel der Insel Sylt kam, fiel mir neben dessen geradezu ravissanter Eleganz der Verbindung von Bauweise, Einrichtung und Natur etwas auf, dass den Stil dieses Hauses auf die Spitze treibt: Junges, engagiertes Personal, welches den Eindruck machte, dass es ihm eine Freude und Ehre sei, den Gästen des Hotels jeden Wunsch von den Augen abzulesen. Strahlende Gesichter bei der Begrüßung, der hinreißende Frühstückskellner, der mir von den Kaninchen in der direkt vor dem Restaurant gelegenen Düne erzählte, junge Gastgeber, die ihrem Namen alle Ehre machten: Als hätten sie jeden Gast persönlich eingeladen, um ihm eine unvergessliche Freude zu bereiten. Solches Verhalten geht in der Tat weit über das einer Beherbergungsdienstleistung hinaus. Es gibt einem das Gefühl, nach Hause zu kommen. Natürlich bezahlt man in so einem guten Hotel eine Menge Geld für ein unvergleichlich schönes Zimmer und die großartigen Facilities, die während des Aufenthaltes für den Gast bereitstehen. Unbezahlbar ist jedoch dieser Überschuss an Freundlichkeit durch das Personal. Dafür gibt es die Möglichkeit des Honorierens durch das Trinkgeld. Wie eine persönliche Einladung zu einem hochwertigen Drink stellt es keine Bezahlung dar, sondern ist ein Ehrengeschenk, *honorarium*. Es ehrt den Beschenkten – und weist den stilvollen Geber aus.

Bettler, Arme, Outcasts – wenn Stil Gesicht zeigt

Berlin ist nicht arm an außergewöhnlichen und exklusiven Events und Einladungen. Die allerstilvollste Party des Jahres in der Metropole findet jedoch jedes Jahr kurz vor Weihnachten im Hotel Estrel im Stadtteil Neukölln statt. Eine ganz einmalige Veranstaltung. Kein anderer Event in Berlin kann eine vergleichbare Stimmung vermitteln. Man muss es erleben! Ein klassisches Weihnachtsessen wird dabei am Tisch serviert: Gans, Rotkohl und Klöße. Am gewaltigen Weihnachtsbaum, beim Glanz tausender Kerzen und liebevoll dekorierter Tische, dem überdimensionalen Geschenktisch und an der riesigen Showbühne finden sich Dutzende von Stars aus Showbiz, Theater, TV, Film und Musikszene ein. Wer von ihnen bei dieser Party dabei sein darf, empfindet es als echte Ehre. Denn all die Prominenten kommen, um einen ganzen Abend lang mal richtig – zu arbeiten. Die Hauptpersonen und Gäste des Berliner Weihnachtsevents sind nämlich Obdachlose und Arme. Einen Abend lang werden sie von Prominenten bekocht, bedient und als Ehrengäste an einer Weihnachtstafel verwöhnt, die ihresgleichen sucht. Frank Zander heißt der Schlagersänger, der diese stilvollste aller Partyideen geboren hat. 120 „special guests" kamen zu seinem ersten Weihnachtsfest vor 16 Jahren, das seither zu einem festen Termin geworden ist – inzwischen sind es schon an die 3000, die „Weihnachten mit Frank" feiern. Die meisten von ihnen leben das ganze Jahr auf der Straße, viele von ihnen sind im wahrsten Sinne des Wortes bettelarm.

Als ich diese außergewöhnliche Aktion in einer Nachrichtensendung sah, fiel mir eine Sache besonders auf: Mehrere „Penner", männliche und weibliche, wurden interviewt, wie sie das denn jetzt so fänden, so ein fantastisches Fest, wo sie sonst doch auf der Straße lebten – und in dieser Jahreszeit unter besonders unwirtlichen Bedingungen. Nicht einer der Interviewten machte indes einen besonders „dankbaren" Eindruck, nach dem Motto: „Ich kann es gar nicht fassen, dass ich so etwas erleben darf!" Sie wirkten vielmehr selbstbewusst und vergnügt, wie jemand, der aus dem Alltag heraus zu einer tollen Party eingeladen wird, bei der alles seine Richtigkeit hat. Jeder erzählte seine „Dönekes", also seine höchstpersönlichen Anekdoten von der Besonderheit seines tagtäglichen (Über)Lebens auf der Straße, und nein, sie würden dieses nicht als unerträgliche Belastung empfinden, für sie sei das Alltag. Aber diese Party sei wirklich megacool, kein Zweifel. Natürlich kann sich kaum jemand vorstellen, was genau in Menschen vorgeht, die ein solches Leben führen – ob freiwillig oder gezwungenermaßen. An sich muss in einem Sozialstaat niemand verhungern – und Obdachlosenheime bieten Schlafplätze für jene an, die keine Behausung haben. Für ein Minimum an Überlebenshilfe ist also für jeden gesorgt. Dennoch gibt es Menschen, die tagein, tagaus mit ihren wenigen Habseligkeiten herumziehen und sich überall dort zur Ruhe legen, wo keiner sie wegjagt. Oft stehen dramatische und außergewöhnliche Schicksale hinter der Lebensweise der Unbehausten. Zu „Weihnachten mit Frank" kommen sie weder als Bittsteller noch als „Sozialfälle", denen eine besondere Gnade erweisen wird. Sondern so wie jeder von uns, der auf ein schönes Fest eingeladen wird. Ich persönlich wurde noch bei keinem Fest gefragt, ob ich denn nun froh und dankbar sei, hier anwesend sein zu dürfen und überhaupt, ob ich diese Fülle auch wirklich genießen würde, bei dem Leben, das ich führe. Niemand käme auf so eine Idee. Würde mich aber jemand fragen, reagierte ich nicht anders, als die bei der Weihnachtsparty geladenen Penner: Ich würde vielleicht sagen, wie angenehm es ist, mal aus dem täglichen Stress herauszukommen, mit vielen Leuten zusammen ein großartiges Fest zu feiern, und dass die Gastgeber sich mal wieder selbst übertroffen hätten. Genau so ist die Situation bei „Weihnachten mit Frank" aus der Perspektive der Obdachlosen, und das ist das stilvollste Element an der ganzen Veranstaltung: Es ist wirklich gerecht. Es gleicht den Unterschied zwischen obdachlosen und allen anderen Menschen in der Weihnachtszeit aus, die ihre Weihnachtsfeiern haben und im Kreise ihrer Lieben ein herausragendes Fest im Jahreskreis feiern. Ganz normal. Gerechtigkeit bezeichnet einer Definition zufolge einen idealen Zustand des sozialen Miteinanders, in dem es einen angemessenen Ausgleich der Interessen und der Verteilung von Gütern zwischen den beteiligten Personen und Gruppen gibt. Das Gut, welches bei dieser Veranstaltung einen Ausgleich erfährt, ist das Gefühl, genauso unbeschwert ein besonderes Fest zu feiern wie alle anderen das tun. Es gibt keinen Kaviar, sondern Gänsebraten – das traditionelle deutsche Weihnachtsgericht. Es gibt Gemeinschaft, Geselligkeit und Unbeschwertheit – alles vollkommen normale gesellschaftliche Werte, die einen Industriemanager, welcher das ganze Jahr hektisch von Termin zu Termin hetzt, genauso zufrieden stimmen würde wie den Obdachlosen, der das ganze Jahr schwerbepackt von Brücke zu Brücke schlurft.

Die ganze Idee zeigt deutlich, dass die Gerechtigkeit eine Tugend ist, die mit dem Willen des Menschen aufs engste verknüpft ist: dem Willen, das *Richtige* zu tun. Das kann fantasievoll oder pragmatisch sein, viel Geld kosten oder gar keins. Jene stilvollen Studenten, die im eisigen Winter des Jahres 2009 zum Beispiel systematisch mit ihren Scheckkarten Vorräume von Bankgebäuden öffneten, damit frierende Obdachlose neben den Geldautomaten übernachten konnten, retteten wahrscheinlich einige Leben, ohne dass es sie einen Cent gekostet hätte. Das Tun ist es, worauf es ankommt. Manchmal sind es auch nur Winzigkeiten: Den Bettler genauso freundlich grüßen wie man es mit jedem anderen täte. Sich auch mal auf ein Gespräch einlassen, statt vornehm die Nase zu rümpfen. Es geht nicht um „gute Werke", sondern darum, den Armen und „Outcasts" genauso zu begegnen wie allen anderen Menschen. Als Partner im Tanz des Lebens.

Oft wird ein Argument gebracht, das auf den ersten Blick dieses Bild nachhaltig zerstört: Schön und gut, heißt es da, aber haben nicht von solchen „wohltätigen" Aktionen am meisten diejenigen, die sich im warmen Gefühl suhlen können, mal wieder was richtig Gutes getan zu haben? Die dafür Lob und Anerkennung einheimsen und sich mal wieder so richtig selbst auf die Schulter klopfen können? Ist es nicht das Kennzeichen der Empathie, dass sie ganz und gar uneigennützig sein muss? Jene junge Schauspielerin auf Frank Zanders Weihnachtsparty zum Beispiel, die im Interview sichtbar glücklich sagte, sie hätte eine Menge Spaß und zudem den Eindruck, hier einmal etwas wirklich Sinnvolles zu tun, während sie Hunderte von Tellern mit Gänsebraten und Knödeln verteilte – das soll nur „*intelligentes Selbstmarketing*", prahlerisches Gutmenschentum oder humanitäres Eigenbauchpinseln sein? Wer auch immer die Ansicht in die Welt gesetzt hat, empathisch für Gerechtigkeit zu sorgen dürfe nur einseitig daherkommen und auf keinen Fall Freude oder gar Spaß bereiten, hat noch nie *Iustitia* betrachtet, wie sie dasteht mit verbundenen Augen und ihrem anderen wichtigen Accessoire, der Waage. Die Waage soll im Gleichgewicht sein – und ebenso soll es auch die Empathie der Gerechten sein, will sie nicht zur Selbstgerechtigkeit mutieren. Sie darf Spaß machen, ja, ist sogar dann am wertvollsten, wenn aus ihr Freude erwächst – gleichermaßen beim Geber und beim Beschenkten. Meine jüngste Tochter erzählte mir, als wir dieses Thema besprachen, wie sie – aus studentisch-notorischem Kleingeldmangel – einem Bettler statt Münzgeld einmal eine Zigarette schenkte. Dieser freute sich, wühlte in seinen Taschen und konstatierte einigermaßen frustriert, dass er nicht mal Streichhölzer besitze. Sie schenkte ihm kurz entschlossen ihr Feuerzeug aus Plastik dazu, Wert fünfundachtzig Cents. Seither springt der Mann, dessen Lebensmittelpunkt sich am städtischen Hauptbahnhof befindet, täglich auf, wenn sie zu ihrer S-Bahn eilt, begrüßt sie persönlich und küsst ihr die Hand. Dann halten die beiden ein kurzes und stets vergnügtes Schwätzchen, auf das sich beide gleichermaßen schon freuen. Ein äußerst stilvoller Gentleman! Nicht jeder Bettler, dem Sie Ihr Scherflein in seinen Hut stecken, wird so galant sein. Keiner von ihnen kann Ihnen einen materiellen Gegenwert für Ihre Spende bieten. Aber er kann Ihnen einen großen geistigen Gegenwert geben: Dass er dazu beiträgt, dass Sie sich selbst beschwingter fühlen. Weil mit der Hilfe solch außergewöhnlicher „Tanzpartner" im Leben Ihr natürliches Gerechtigkeitsempfinden und damit Ihr höchstpersönlicher Stil immer mehr nach außen gelangen kann und nicht in seinem Filmröllchen unentwickelt in der Nachtkommode Ihrer Seele liegenbleibt. Theoretischen Stil gibt es nämlich nicht. Auf die Praxis kommt es an.

Sorry, Pardon, Entschuldigung

Eine kleine, pfenniggroße weiße Narbe auf meinem rechten Mittelfuß erinnert mich immer wieder an jenes Tanzfest, auf dem mich völlig unvermittelt der Stiletto einer neben mir tanzenden Dame wie ein Fallbeil traf. Einen Moment lang sah ich nur noch Sternchen um mich herum tanzen, dann riss ich mich zusammen, machte gute Miene zum bösen Spiel und wischte schmerzverzerrt das aschenbrödelartig tropfende Blut vom Schuh. Eine von vielen zufälligen kleinen Verletzungen, die einem das Leben so beibringt und nichts, wovon man zu schreiben brauchte, wäre da nicht noch dieser kleine, brennende Stich im Herzen, der mich – obschon eigentlich nicht nachtragend – jedes Mal trifft, wenn die hässliche kleine Narbe auf dem Fuß in mein Blickfeld gerät und mich daran erinnert: Wie die treffsichere Dame nach ihrem unabsichtlichen Malheur sich kurz zu dem von ihr verursachten Blutbad umwandte, kurz kicherte und weitertanzte. Hätte sie „Oh, das tut mir aber echt leid, bitte entschuldige!" dazu gesagt, wäre dieses Buch um einen Abschnitt kürzer, denn ich würde mich mit großer Wahrscheinlichkeit nicht einmal mehr erinnern, warum ich diese Narbe habe.

„Sorry seems to be the hardest word" („‚Entschuldigung' scheint das schwierigste Wort zu sein"), sang Elton John schon in einem seiner schönsten Lieder, und wenn man ganz alltägliche Beobachtungsstudien anstellt, scheint er recht zu haben, nicht nur was Liebesdramen angeht: Die

Kaufhaustür, die dem Nachkommenden kommentarlos ins Gesicht fallengelassen wird, das wortlose Anrempeln in Bus und Bahn, das „stell dich nicht so an", wenn jemand empfindlich auf eine Bemerkung reagiert, nur einige Beispiele für ein Phänomen, das man nicht nur unter „schlechter Erziehung" verbuchen sollte. Es würde sich lohnen, der Sache etwas tiefer auf den Grund zu gehen, um vielleicht ein neues Verständnis dafür zu wecken, dass es sich beim Entschuldigen nicht nur um überholte, bürgerliche Benimmformeln handelt, die man leichterhand über Bord werfen kann, ohne selbst etwas zu verlieren.

Das deutsche Wort „Entschuldigung" zeigt ja schon deutlich, worauf es hinausläuft: Wer einem anderen etwas antut (und sei es nur, ihm seinen Pfennigabsatz in den Fuß zu bohren), steht in dessen Schuld. Wie wir gesehen haben, fußt Gerechtigkeit auf der Anerkennung, dass wir unserem „Partner", also jedem Menschen, der uns begegnet, etwas schuldig sind, was ihm aus seiner Menschenwürde heraus zusteht: „Das Seine" zu achten. Seine urpersönliche Integrität. Dieser Begriff stammt vom lateinischen Wort *integritas* – und bedeutet „unversehrt", „intakt", „vollständig". Er macht deutlich, was geschieht, wenn in diese Grunddisposition einer Person eingegriffen wird: Sie wird versehrt, verletzt und ihrer Vollständigkeit beraubt. Dies kann sowohl den Leib als auch die Seele betreffen – was eine Person ausmacht, ist ja ein Zusammenspiel beider Faktoren. Die oben erwähnte, an sich etwas pimpelige Geschichte von der Tanzverletzung soll uns – gerade weil sie so einfach und anschaulich ist – helfen, dem Prozess der „Entschuldigung" tiefer zu verstehen. Ein Mensch verletzt einen anderen, hier: die Dame mit dem Stiletto hüpft unabsichtlich mit ihrem ganzen Gewicht, welches sich auf einem halben Quadratzentimeter Absatz bündelt, auf den Fuß einer anderen Person. Deren Fuß ist – nicht besonders schwer, aber doch sehr schmerzhaft – verletzt. Ihr Fuß gehört zu ihrer Ganzheit als Person, daher ist ihre ganze Persönlichkeit von diesem Angriff auf ihre Integrität betroffen. Da die beiden als „Partner" im Tanz des Lebens unterwegs sind, sprich: gegenseitig anerkennen, dass der Andere ein Recht auf „das Seine" hat (also auch auf seinen gesunden Fuß), steht die etwas tollpatschige Dame in der Schuld der Verletzten, weil sie die von ihr anerkannte Integrität verletzt hat oder, wie man sagt: sich etwas hat zuschulden kommen lassen. Nicht absichtlich – aber der fehlende Vorsatz macht die Verletzung nicht geringer. Nun passiert etwas Interessantes: Wenn ein entwickeltes Gefühl für Gerechtigkeit (also Stil) vorliegt, ist es geradezu unabdingbar, um Entschuldigung zu bitten. Denn die Tatsache, dass – wenn auch ohne Vorsatz – ein Teil der anderen Person zu Schaden gekommen ist, verletzt wiederum die seelische Integrität der Verursacherin: Es tut ihr (soweit sie Stil hat) leid – und das ist ganz wörtlich zu nehmen: Es schmerzt einen selbst, wenn man einen anderen durchbohrt hat, auch wenn man das nicht im Entferntesten geplant hat. Die Bitte um Entschuldigung ist daher eine Bitte um Ausgleich: Mach mich frei von meinem Leid, das ich empfinde, weil ich dir Leid angetan habe. Das ist es, was „Entschuldigung" bedeutet. Diese Bitte setzt nicht nur eigenen Stil voraus, sondern auch dem vom Geschädigten. Denn eine Bitte setzt keinen Automatismus in Kraft. Gewähren kann die Ent-Schuldung nur der Andere, der ebenso darauf bedacht ist, die (hier: seelische) Integrität seines „Partners" zu achten wie er es umgekehrt zu

Recht erwartet. Was nur eine Höflichkeitsfloskel zu sein scheint, setzt, das merken Sie wahrscheinlich jetzt, eine sehr große und lichte Idee vom Menschen voraus.

Natürlich macht sich kein Mensch solche Gedanken, während er einem anderen auf den Fuß tritt, kurz „Entschuldigung" murmelt und die Sache danach vergisst. Ebenso wenig, wie wir jemals überlegen, warum es „sich gehört", die Entschuldigungsfloskel vor eine Bitte oder Anfrage zu setzen: „Entschuldigen Sie bitte, wie spät ist es"? – „Entschuldigen Sie, ist der Platz neben Ihnen frei?" Sobald man aber darüber nachdenkt, wie subtil die Achtung vor dem Anderen und „dem Seinen" darin zum Ausdruck kommt, kann man sich der Faszination der Sprache und ihrer Formalisierung kaum entziehen. Was hinter diesen oberflächlich erscheinenden und von manchen als bourgeoiser Restmüll verunglimpften Formen steckt, entpuppt sich als Achtung vor der Privatsphäre eines Menschen, die durch eine simple Frage – minimal, aber eben doch bemerkbar – gestört wird: „Entschuldigen Sie, dass ich Sie störe."

Einen Moment lang erlebte meine Begeisterung für die Entdeckung dieser fast unbemerkten, aber doch von vielen Menschen eher unbewusst geübten Edelkeit einen Einbruch. „Entschuldigen Sie bitte", fragte ich eine Verkäuferin in einem Leipziger Kaufhaus, „wo ist denn hier die Abteilung für Unterbekleidung?" Ihre Antwort haute mich fast um: „Sie brauchen sich nicht zu entschuldigen. Das ist meine Aufgabe!", erwiderte sie schroff und wies mir dann den Weg. In einer Weise hatte sie ja völlig recht: Sie verdient ihr Geld dafür, dass sie Kunden berät und ihre Fragen beantwortet. Es gibt an sich keinen Anlass, sich zu entschuldigen für einen Zeitraub, der Teil des „Vertrages" zwischen Kunde und Personal ist. Und doch glaube ich, dass es sich ähnlich verhält wie mit „bitte" und „danke" bei Dienstleistungen. Diese gelten nicht dem Handelsgeschäft, sondern dem Menschen, der Person. Und seit es aus Einsparungsgründen immer weniger Personal gibt, erweist sich meine intuitive Einschätzung auch als begründet: Es ist ein riesiger Unterschied, ob man (was durchaus möglich ist) sich irgendwie selbst an Schildern entlang durchwurstelt, oder ob da ein Mensch aus Fleisch und Blut steht, der einem freundlich (dazu ist er von Berufs wegen nicht unbedingt verpflichtet) weiterhilft. Diesem Unterschied zollt die Höflichkeit Tribut – gegenüber dem Unersetzlichen, was jeden einzelnen Menschen ausmacht. „Das Seine" eben.

„Frauen geben Fehler leichter zu als Männer. Deswegen sieht es so aus, als machten sie mehr", ist ein berühmtes Bonmot der italienischen Filmschauspielerin Gina Lollobrigida. Womöglich war dies ihre ureigenste Erfahrung – und wenn ich heute die U-Bahn-Rempler und Tür-ins-Gesicht-Knaller betrachte, dann kommt mir ihre Beobachtung durchaus plausibel vor: Ginge es darum, die Häufigkeit solcher Vorkommnisse am nachfolgenden „Entschuldigung", „Sorry" oder – ganz elegant – „Pardon" zu messen, wären Frauen beim Entschuldigen tatsächlich bei weitem in der Mehrzahl, wobei auch ich – trotz meiner unerfreulichen Begegnung mit jenem weiblichen Stiletto – das nicht statistisch, sondern nur erfahrungsgemäß behaupten kann. Für Männer scheint es mir öfters zuzutreffen: *„Sorry seems to be the hardest word."* Gerade in Beziehungen ist das nicht nur eine harte Stilnuss, sondern ein existentielles Problem. Denn jedem, wirklich

jedem Menschen passieren – ungewollt und zuweilen leider auch ganz bewusst – Kränkungen und Verletzungen. Wenn diese in die engste Partnerschaft, die es unter Menschen gibt, die Liebesbeziehung fallen, haben sie ein unvergleichlich größeres Gewicht als Verletzungen, die einem von fremden Tanztrampeln beigebracht werden. Selbst vermeintliche Kleinigkeiten können, so sie immer unentschuldigt bleiben, zu unversöhnlichen Schuldbergen anwachsen. Wie oft hört man: „Es war eigentlich kein besonderer Anlass. Wir haben uns einfach auseinandergelebt", wenn Ehen zerbrechen und Partnerschaften sich auflösen. Die Einheit zwischen zwei Menschen, ihre Harmonie, nimmt sprichwörtlich Schaden an Unentschuldigtem. Wenn es wirklich so ist, dass Männer sich schwerer tun mit dem Entschuldigen, dann sei es hier einmal gesagt. Es gibt nichts Wunderbareres und Attraktiveres als einen stilvollen Mann. Der für seine Fehler, seine Ausrutscher und seine unbedachten Äußerungen, welche ihm wie jeden anderen Menschen passieren, von Herzen um Entschuldigung bitten kann. Und wenn es wirklich so ist, dass Frauen sich damit leichter tun, so sollten sie – vor allem wenn sich ein wahrnehmbarer Schleier auf die Beziehung legt – immer wieder einmal daran denken: Theoretischer Stil ist ebenso nutzlos wie eine unausgesprochene Bitte um Entschuldigung.

Und dann gibt es noch die andere Seite: Diejenige dessen, der entschuldigt – also Schuld vergibt. „Denn höher vermag sich niemand zu heben, als wenn er vergibt", meinte Johann Wolfgang von Goethe, und es scheint ein allzu großes Wort zu sein. Vielleicht kann auch hier die blutende Tanzwunde herhalten für unvergleichlich größere Verletzungen, welche erschreckend viele Menschen ihr

Leben lang in ihrer Seele mit sich herumschleppen müssen, selbst dann, wenn die stilvolle Bitte um Entschuldigung nicht ausgeblieben ist. Hätte die Verursacherin der Narbe an meinem Fuß sich entschuldigt für ihren Ausrutscher, so wäre doch jene sichtbare Wunde geblieben. Natürlich wandelte sie sich auf die Dauer aus einem hässlichen, blutigen Loch in eine weiße Narbe, die kaum auffällt. Aber etwas bleibt zurück. Nun ist eine Narbe am Fuß überhaupt nichts, was einen beeinträchtigt – vollkommen nebensächlich. Stellt man sich aber wirklich große, gerade seelische Wunden vor, die, selbst wenn sie formal entschuldigt wurden, doch weiter bestehen bleiben und die Persönlichkeit des Geschädigten womöglich verändert und geprägt haben, dann erscheint Goethes Wort doch angemessen. Das „Entschuldigen" ist ein Dienst am Verursacher. Das Vergeben indes nimmt beide in den Blick: Verursacher und Opfer. Nicht umsonst wurde die Fähigkeit und Bereitschaft zur Vergebung – im Sinne von Verzeihung – als Tugend der Könige bezeichnet. Großmut ist ein anderes Wort für sie und drückt genau das aus, was dafür vonnöten ist: Großer Mut. Mut, sich mit dem eigenen Schmerz auseinanderzusetzen. Mut, den anderen, so unperfekten Menschen anzusehen, so wie er ist: hässlicher Verursacher von Leid, das durchaus groß und bleibend sein kann. Und Mut, hinter all dem Unerträglichen doch noch den Menschen zu sehen. Das einzige, was Opfer und Täter existenziell verbindet. Dazu gehört der Mut eines Löwen – und oft ist das Verzeihen eine Aufgabe für ein ganzes Leben. Der Gesprächspsychotherapeut Reinhard Tausch hat sich daran begeben, die psychologische Dimension des Vergebens empirisch zu untersuchen. Und er stellte etwas Beeindruckendes fest: Durch Vergebung kann eine mentale Bewältigung des Erlebten ermöglicht werden. Derjenige, der seinen ganzen Mut zusammen nimmt, um sich zu erheben über Rache und Vergeltung und vielmehr Verzeihung zu gewähren bereit ist, wird belohnt durch Wiederherstellung seiner eigenen Integrität, die vom Anderen verletzt wurde. „Stil" ist bei weitem ein zu kleiner Begriff für die Dimension, die hier sichtbar wird. Er wird gesprengt, wo ein Mensch dergestalt auf seine ihm gegebenen Ressourcen zurückgreift und dabei über sich hinauswächst. Wer so viel Stil beweisen kann, ist „ganz oben" angekommen.

Was aber ist mit dem, der sein Tun tiefinnerst bereut und dem keine Vergebung seitens dessen zuteil wird, den er verletzt hat? Darauf gibt es keinen Anspruch. Aber auch ihm sind Dimensionen eröffnet, die ebenso jenseits des Stils liegen. Sie sind metaphysischer Art – und allein im Glauben an einen gnädigen, verzeihenden Gott zu finden. Wenn jedoch keine Einsicht, keine Reue und keine Umkehr erfolgt, bleibt für Täter und Opfer allein die Ultima Ratio der Gerechtigkeit: Der gerechte Gott, der am Ende richten wird.

III. Die rechte Mischung macht's: Temperantia (Mässigung)

> *III. Les moulinets.*
> *Révérence.*
> *En avant.*
> *Réverence prolongée (ou grand compliment).*
> *Demi-moulinet des dames par la main droite et*
> *Tour de main (gauche) avec les cavaliers de vis-à-vis.*
> *Demi-moulinet des dames et tour de main.*

Etwa 17jährig stand ich mit meinen Vettern und Cousinen in der prächtigen Halle des römischen Hotels Quirinale. Jeder von uns hatte einen „coolen" Drink in der Hand, dessen Name mir noch heute ein freudiges Kribbeln kommuniziert: Gin Fizz. Ein wenig Gin mit Zitronensaft, Zuckersirup und Sodawasser machte seinem stylischen Namen alle Ehre: Das Getränk zischelte und spritzelte in feinen Bläschen aus dem mit einer Zitrone verzierten Glas und schmeckte einfach wunderbar. Wir fühlten uns erwachsen und äußerst vergnügt. Nur Bertram, der von allen geliebte, herzige kleine Vetter, durfte wegen seines Kinderstatus noch keinen Alkohol trinken und beobachtete deshalb gebannt und sehnsüchtig seine ausgelassenen jungen Verwandten mit dem gelblich schimmernden, prickelnden Wundergetränk. Plötzlich trat seine Kinderfrau auf den Plan, musterte ihren Zögling kurz und gab ihm eine klatschende Ohrfeige. „Was habe ich denn jetzt schon wieder gemacht?" heulte der kleine Mann auf. „Du hast gierig geschaut", kam es knapp zurück.

Gouvernanten wie dieser und unendlich vielen strengen Lehrern „alter Schule" ist es zu verdanken, dass *Temperantia*, die Tugend der Mäßigung, einen so miserablen Ruf hat. Jedem Spaß, auch ganz unschuldige kleine Freuden konnten sie einem vermiesen – auf die Spitze getrieben sogar schon deren simple Betrachtung, wie im Fall des unglücklichen kleinen Bertram. Wie scheint sie dem großzügigen, weltmännischen Stil doch so fern, diese *Mäßigung*, mittelmäßig, lau, langweilig wie sie daherkommt, behaftet mit dem Geruch von Magerquark.

Und dabei ist all das ein riesiges Missverständnis! *Temperantia* heißt „Maß" – und ihre allegorische Darstellung trägt zwei Maßkrüge in beiden Händen. Wie jeder Oktoberfestbesucher weiß, nicht gerade ein Symbol von karger Enthaltsamkeit! Die Krüge der *Temperantia* enthalten zwar kein Bier, aber der eine ist immerhin bis oben gefüllt mit bestem Wein – und der andere mit Wasser. Wer je mit einem gewaltigen Durst als einzige verfügbare Flüssigkeit Alkoholhaltiges vorgesetzt bekommen hat, weiß, dass der beste Wein allein nicht zur Durstlinderung beiträgt, sondern dass es manchmal dringend des köstlichen Wassers bedarf und wird zugeben, dass die Mischung, welche die *Temperantia* da in Händen hält, gar nicht unvernünftig ist. „Die Mischung macht's" ist denn auch genau ihr Sinngehalt: Das lateinische „temperare" meint, „etwas in das richtige Mischungsverhältnis bringen". Jeder von uns kennt es von der Temperatur: Wenn eine Wohnung wohltemperiert ist, dann fühlt sie sich genau richtig an: man schwitzt nicht und man friert nicht. Es ist perfekt! Nicht schwül-schlabberige Lauheit, sondern ganz im Gegenteil: ein Gefühl von Wohlbefinden stellt sich ein. Man fühlt sich wohl in seiner Haut. Und genau diesen Zustand soll die *Temperantia*, die Mäßigung herbeizuführen helfen. Besonders wichtig ist sie für den Stilvollen, für den es nicht nur wichtig ist, in Harmonie mit sich und der Welt zu leben, sondern sich dabei auch wohlzufühlen. Was bei der Heizung der Temperaturregler, ist bei der Tugend der Mäßigung der freie Wille: Auf ihn kommt es an.

Die Mäßigung ist die einzige Tugend, die nach innen wirkt. Sie regelt die verschiedenen Eigenschaften, die ein jeder von uns so mitbekommen hat auf dem langen Weg der menschlichen Entwicklung. Da wären zunächst zu nennen jene Triebe, die wir mit unseren zeitweiligen Entwicklungskollegen, den Tieren, teilen: Die natürlichen Grundbedürfnisse zu essen, zu trinken und sich zu vermehren. Während Tiere aufhören, zu fressen, wenn sie satt sind, und zu trinken, wenn ihr Durst gestillt ist, und ihr Vermehrungstrieb auf bestimmte Zeiten beschränkt ist, hat der selbstbestimmte Mensch einen Willen, der sozusagen sein Steuerungssystem ist und verhindert, dass er so lange isst und trinkt, bis er auseinanderplatzt oder nach Lust und Laune auf der Straße fremde Leute begattet, wenn ihn gerade die Vermehrungslust überkommt. Der menschliche Wille steht in direktem Zusammenhang mit der Vernunft. Wenn die Vernunft sagt: „Stop! Bis hierhin und nicht weiter! Du willst doch nicht platzen, fremde Leute belästigen oder peinlich sein!" übernimmt der Wille und trifft die Entscheidung: „Schluss jetzt." Woraufhin die Person, der er eigen ist, gehorcht. So ist jedenfalls der Plan. Der Wille ist aber ein seltsames Ding.

Er ist wie ein Muskel, der sich erst einmal langsam entwickeln muss. Wie junge Eltern die verschiedenen Muskeln ihres Babys trainieren, indem die seine Beinchen liebevoll beugen und strecken und auch die Intelligenz ihres Babys fördern können, indem sie ihm vorsingen und vorlesen, mit ihm Spielsteine legen und viele andere Dinge, so verhält es sich auch mit dem „Entscheidungsorgan" des Menschen, dem Willen. Man muss ihn trainieren, damit ihm nicht alles egal ist. Diese Art von Training nennen wir „Erziehung", von „ziehen". Da ist Bewegung drin wie beim Tanz. Eine bestimmte Richtung wird angestrebt. Denn alle Dinge haben zwei Seiten: Nahrung brauchen wir zum Überleben und – wie wir schon gesehen haben – sie ist eine köstliche Untermalung unserer Geselligkeit. Wer aber unlimitiert Nahrung in sich reinschaufelt, verdirbt sich bestenfalls den Magen und gefährdet schlechtestenfalls seine Gesundheit. Ohne Flüssigkeit sind wir verloren, wer aber Liter und Liter auf einmal trinkt, kann sogar sterben. Gerade neulich war es wieder in der Zeitung zu lesen, dass ein Junge dank einer unsinnigen Wette zig Liter harmloses Wasser in sich hineinschüttete, anschließend ins Koma fiel und schließlich starb. „Wie unvernünftig", sagte jeder, der davon las – und in der Tat ist der Wille des Menschen unlösbar verknüpft mit seiner Vernunft. Das Spannende daran ist aber, dass er dieser nicht zwangsläufig folgen muss – sondern wohl der Teil des Leibes ist, der den Menschen am schärfsten von den Tieren unterschiedet, mit denen wir ja ansonsten recht viel gemeinsam haben. Wo dem Tier sein Instinkt gleichsam „automatisierte Vernunft" ist, ist dem Menschen Autonomie gegeben durch seinen Willen: Er kann so handeln oder anders. Vernünftig oder unvernünftig. Manchmal macht es am meisten Spaß, einmal richtig

„über die Stränge" zu schlagen und dabei unvernünftig zu sein – würden wir es aber die ganze Zeit tun, gäbe es einerseits keine Stränge mehr, über die man schlagen könnte, und das Leben würde gleichzeitig langweilig, gehetzt, nervös, ungesund und zuweilen auch gefährdet. Wir brauchen also einen wohltrainierten Willen, damit unser Leben gut und genussvoll ist und nicht abgleitet in die hässlichen Abgründe der Stillosigkeit.

Wir haben gesehen, dass jedes Handeln Auswirkungen auf Andere hat. Unser Wille ist stark geprägt von Erfahrungen, die wir mit anderen machen – einige Wissenschaftler behaupten gar, der Wille sei gar nicht „frei", sondern determiniert durch Erbanlagen und Erfahrungen. Jedes Gespräch würde auf diese Weise sinnlos, ebenso unser ganzes Rechtssystem, denn: Wie kann sich jemand für etwas verantworten, wofür er gar nichts kann? Jeder von uns empfindet es klar so, dass es unser „Ich" ist, das bestimmt – und nicht irgendwelche Umstände, von denen wir nichts wissen und die uns ohne unser Zutun willfährig hier- und dorthin treiben. Das ist es, was uns zu mündigen Bürgern macht – und diese Errungenschaft lassen wir uns doch besser nicht von wissenschaftlichen Mutmaßungen rauben.

Im Zusammenhang mit dem Stil geht es – wie wir wissen – immer um umfassende Harmonie. Die Mäßigung zielt auf die Harmonie des Einzelnen in sich selbst bei gleichzeitiger Heiterkeit des Herzens. Aus sämtlichen Meditationszirkeln wabert inzwischen der Ruf, wir sollten „unsere Mitte" finden, was immer nur diejenigen zu Heiterkeitsstürmen hinreißt, die nicht so gern beim Duft vom Räucherstäbchen zu esoterischern Weisen im Schneidersitz die Hände auf den Bauch legen und „Omm" murmeln. „Die Mitte" findet man durch eine gute Balance – und die will geübt sein durch Training oder: Erziehung. Wenn diese wie beim armen, kleinen Bertram durch ungerechte Ohrfeigen erfolgt, kann – was bei diesem jungen Mann zum Glück nicht passierte! – anhaltende Verbitterung aufkommen und im zu bildenden Willen genau das Gegenteil dessen bewirken, was eigentlich intendiert ist, nämlich zu jener fröhlichen, selbstbewussten Gelassenheit zu führen, die stilvolle Menschen von innen heraus prägt. Heutzutage ist aber jedem klar, dass Willenserziehung nicht auf das Kinderalter beschränkt ist, sondern immer wieder neu angegangen werden sollte, damit die Seele „fit" bleibt. Jedem ist klar, dass man nie zu alt wird, um nicht noch etwas dazuzulernen. Nur so bleibt man flexibel und kann der sich in rasantem Tempo verändernden Welt angstfrei begegnen. Früher ließen Eltern, Gouvernanten und Lehrer Kindern und Schülern „Zucht" angedeihen, ein Wort, bei dem sich heute die Finger sträuben, es auch nur niederzuschreiben, hört man dabei doch die züchtigenden Schläge knallen. Das bedeutet aber nicht, dass Erziehung in sich etwas völlig Unnötiges ist. Ihr Wortstamm ist genau derselbe wie bei der „Zucht": *zühter* ist mittelhochdeutsch und bedeutet „Erzieher" – und dieser soll den *Zög*ling in die richtige Richtung *ziehen*, auf dass er nicht zum eitel aufgetakelten Modejunkie, zum hemmungslosen Fresser und Säufer, zum blind wütenden Zornigel, zum haltlosen Frauenbenutzer oder zum wichtigtuerischen Hochmütigen abrutscht – also zum totalen Stilbanausen. Der erwachsene Mensch kann da durchaus zu seinem eigenen Tanzmeister werden – dafür werden unter anderem ja auch Bücher wie dieses geschrieben: Um Anregungen für die private Fortbildung zu geben. *„Nur der maßvolle Stil* *ist der klassische"*, notierte schon der französische Essayist Joseph Joubert in seinen „Pensées". Es geht um die Balance, welche durch die Mäßigung erreicht wird, die den Menschen zum Juwel schleifen soll. Mit Mittelmäßigkeit hat – damals wie heute – die *Temperantia* ebenso wenig am Hute wie der Stil. Wir müssen ihr Maß heute nur wieder neu entdecken. Es gilt, Ordnung und Balance zu schaffen im Abwägen zwischen Alles und Nichts, Fülle und Darben, Feiern und Fasten. Unsere Individualität so generieren, dass sie uns und anderen zur Freude und nicht zum Verhängnis wird. Die ins uns ruhenden Kräfte dahingehend zu bündeln, daß Zufriedenheit entstehen kann. Nicht als gemütlich-schlampiges, lauwarmes Laisser-faire. Vielmehr ist das bewusste, willentliche Ordnen seiner positiven Kraft der lebendige Kern dessen, was den Stil eines Menschen ausmacht. Die *Temperantia* ermöglicht es, diese übergroße Auswahl genießen zu können, ohne sich daran die Seele zu verderben.

Die Tanzschritte dieser Stilübung sind etwas schwieriger als die bisher geübten – aber Übung macht den Meister:

Authentisch sein
Die Mitte finden
Alles zu seiner Zeit
Ordnung verwirklichen
Ganzheitlich genießen

Und nun auf in die Welt der unbegrenzten Möglichkeiten!

Allzu viel ist ungesund

Wie hatte er sich verändert! Das letzte Mal, als ich ihn gesehen hatte, war er ein barock anmutender, wohlbeleibter Mann gewesen. Der Genussmensch, wie er im Bilderbuch zu finden ist – und selbst ein vorzüglicher Koch. Von guten Weinen verstand er ebenso viel wie vom guten Leben. Ein begnadeter Lebenskünstler und Menschenfreund. In seiner Gegenwart fühlte sich jeder sofort wohl. Und nun saß er da: Überschüssige Haut schlabberte um die schmal gewordenen Wangen wie sein Anzug um die mager gewordene Gestalt, seine rosige Farbe war einer vornehmen Blässe gewichen. Und vor ihm stand ein Kräutertee. Ich erschrak ganz furchtbar. Kaum wagte ich zu fragen, was in der Zwischenzeit geschehen war. Zu groß war meine Sorge, dass eine schwere Krankheit sich seiner bemächtigt haben könnte – oder irgendeine andere Katastrophe. „Ist alles in Ordnung?" fragte ich ihn leise. „Alles bestens", erwiderte er und beugte sich sogleich angelegentlich zu mir herüber. „Ich komme gerade aus der Sowieso-Klinik, wo ich unter ärztlicher Aufsicht gefastet habe. Ich habe beschlossen, mein Leben zu verändern. Konnte doch nicht immer so maßlos weitermachen wie bisher!" Es hatte keinen besonderen Anlass gegeben zu diesem Entschluss – vielleicht war es die männliche Midlife-Crisis, die den Freund zum Asketen hatte mutieren lassen. Und wie begeistert er darüber war! Derselbe Mann, den man sich ob seiner tiefen Gelassenheit noch vor wenigen Wochen zum Gefährten in Katastrophenfällen an die Seite gewünscht hätte, schwatzte nun agitiert und pausenlos über Glaubersalz, Darmspülungen und Wassergymnastik, über Anfasten und Abfasten, dünne Kartoffelsüppchen und Apfelschnitzchen und zog – „Übrigens!" – gerade sein neues Rezeptbuch für fettfreie Ernährung aus der Tasche, als ich mir sprachlos eine Zigarette anzündete. Wie eine Furie ging er auf mich los: „Weißt du, was du damit bei dir und anderen anrichtest?" Und der Mann, der noch vor wenigen Wochen einer der letzten war, der einen Aschenbecher auf seinem Salontisch stehen hatte, begann in aufgeregtem Stakkato über Haupt- und Nebenstromrauch, über Feinstaub und toxische Partikel zu predigen.

Schmal ist der Grat der *Temperantia*, der Mäßigung. Natürlich sagt die stets zu konsultierende Vernunft, dass Fraß und Völlerei unmäßig, stillos und zudem ungesund sind – aber solch maßlose Askese kommt intuitiv betrachtet fast noch stilloser daher. Allein die Tatsache, dass jemand ungeniert über so grausliche Dinge wie Darmspülungen in der Öffentlichkeit referieren zu müssen glaubt, zeigt doch direkt, dass da etwas faul ist.

Die antiken Stoiker hatten im Sinne einer ganzheitlichen Weltbetrachtung die Selbstbeherrschung gepredigt, deren Maß die Befreiung von weltlichen Gelüsten und Leidenschaften war. Ziel war die Harmonie mit „Gott und der Welt", also letztlich genau das, was wir als Grundlage des Stils definiert hatten. Warum erscheint dann der liebe, aber leider zum Fundamentalasketen gewandelte Freund plötzlich stillos? Hier scheint nun eine andere prägende europäische Stilwurzel auf, die heute gern verschämt hinterm Berg gehalten wird. Das Christentum. Tatsächlich bildet seine Lehre eine goldene Mitte zwischen den hedonistischen Epikureern einerseits, welche eine radikale Diesseitigkeit und daraus resultierend die individuelle Lustmaximierung propagiert hatten – und den jenseitsgewandten, leibfeindlichen Stoikern andererseits. Hingegen glauben die Christen an einen Gott, der Mensch geworden ist. Und deshalb müssen Leib und Seele gleichermaßen Bedeutung haben – in einem guten, schöpfungsgemäßen Verhältnis zueinander. In ein und demselben Menschen mischen sich aber auch gute und schlechte Möglichkeiten, Natur und Übernatur – und der Wille ist gleichsam der Regulator, der die richtige „Temperatur" herstellt, damit ein gutes und zuträgliches Mischungsverhältnis entsteht. Im 15. Jahrhundert skizzierte der italienische Philosoph Pico della Mirandola diese Ambivalenz mit Worten, die er dem Schöpfer in den Mund legte: *„Ich erschuf dich weder himmlisch noch irdisch, weder sterblich noch unsterblich, damit du als dein eigener, gleichsam freier, unumschränkter Baumeister dich selbst in der von dir gewählten Form aufbaust und gestaltest. Du kannst nach unten zum Tier entarten; und du kannst nach oben, deinem eigenen Willen folgend, im Göttlichen neu erstehen."* „Das Göttliche" ist hier aber eben nichts Fernes, Geistiges, wie es noch die Stoiker gesehen hatten, dem der Mensch sich nur unter Entbehrungen und Abtötung seiner Natur zu nähern vermochte – sondern es umfasst seine ganze leib-seelische Dimension. Beide Facetten müssen immer wieder neu auf das Gute hin „gezogen" werden – was Übung und zuweilen Anstrengung erfordert. Aber das Ziel ist verlockend: *„Ziel und Norm der Zucht ist die Glückseligkeit"*, sagte der große christliche Theologe und Denker Thomas von Aquin. Und er meinte damit ein Glück, das nicht einer fernen Ewigkeit vorbehalten war. Das Maß zu erlangen, welches zu diesem Glück führt – das ist es, was wir „Stil" nennen. Wenn das Glück das Ziel ist, dann betrifft dies das „Selbst" des

Menschen. Dieses „Selbst" muss bewahrt werden, denn sein Potential ist von Grund auf – also von der Schöpfung her – gut. Nun gibt es genau zwei Möglichkeiten, dies zu bewerkstelligen: Egozentrisch oder – edelmütig. Schauen wir uns die beiden Möglichkeiten einmal an. Das Charakteristikum der Egozentrik ist, dass das eigene Ego immer im Mittelpunkt steht, um welchen alles Fühlen und Handeln kreist. Was auch immer ein Egozentriker sagt oder tut, steht vor allem in Beziehung zu seinem Ego. Dabei kann er durchaus auch sogenannte „selbstlose" Taten vollbringen – wenn diese nur sein Ego ins rechte Licht rücken. Für die andere Möglichkeit, den Edelmut, hat der Philosoph Baruch de Spinoza eine gute Definition geliefert: *„Unter Edelmut aber verstehe ich die Begierde, durch die ein jeder bestrebt ist, allein nach dem Gebot der Vernunft seinen Mitmenschen zu helfen und sie sich durch Freundschaft zu verbinden."* Nun klingt das wie ein Gegeneinander von Selbstzentriertheit und Uneigennützigkeit. Dem ist aber nicht so. Denn der Edelmütige nutzt auch sich selbst, indem er seinen Blick wach und interessiert auf die Anderen richtet. Der Mensch kann ja gar nicht anders, als in Relation zu anderen zu überleben, das ist Teil seines Selbst. Von der Geburt bis zum letzten Atemzug leben wir durch und mit anderen Menschen. Wer also neben sich selbst auch die anderen im Auge hat, wird in größerer Harmonie leben können als der, welcher nur auf sein eigenes Ego starrt. Die Egozentrik ist wie die böse Fee, welche im Märchen alle guten, stilvollen Eigenschaften in ihr hässliches Zerrbild korrumpiert: Natürliche Autorität wandelt sich zu Hochmut, Gerechtigkeitssinn zu Rachsucht, Wissbegierigkeit zu Sensationsgier, Maßhalten zu Geiz, Bewunderung zu Neid, Kompetenz zu Wichtigtuerei, Diskretion zu Geheimniskrämerei und Sinnenfreude zu Wollust. Insofern kann man eine einfache Formel für den Stil im Allgemeinen und die Mäßigung im Besonderen aufstellen: Gut ist, was nicht nur mir alleine nutzt. Der Wille als „Temperaturregler" muss also immer da tätig eingreifen, wo sich mal wieder ein „zuviel" an Um-sich-selbst-Kreisen einstellt. Tatsächlich steht jeder ständig in diesem Zwiespalt – gerade weil der Selbsterhaltungstrieb auch egoistische Züge benötigt. „Liebe deinen Nächsten wie dich selbst" ist also ein sehr vernünftiges Maß, an dem sich unser Wille „regulieren" lassen kann, um stilvoll zu sein.

Der wunderbare Genussmensch, der sich plötzlich auf die teils vernünftige, teils zeitgeistangesagte Diätkur begab, dezimierte bei dieser nicht nur sein Gewicht. Natürlich hatte er zuvor des Öfteren über die Stränge geschlagen, sonst hätte er nicht die Notwendigkeit gesehen, dass einige Fasttage ihm gut tun würden. Soweit hatte sein „Regler" also noch gute Dienste geleistet, die der Gesundheit seines Körpers – und wahrscheinlich auch dem ästhetischen Wohlgefallen seiner Frau dienen. Ebenso seinen zahlreichen Freunden, die ihn lieben und schätzen – denn würde er ob seiner kulinarischen Vorlieben plötzlich krank, wäre niemand trauriger als sie. Was aber den Twist ins Stillose ausmachte, war ein eher geistiger Aspekt: Dass er, statt nach der regulierenden Radikalkur zufrieden ein Maß zwischen seinen Vorlieben und den Ansprüchen seiner Gesundheit (und dem Schönheitssinn seiner Frau) zu suchen, nun an nichts anderes mehr dachte als an sich selbst. Nie zuvor wäre er auf die Idee gekommen, über unappetitliche Körperfunktionen zu sprechen, die manch einem die Kehle zuschnüren. Nie hätte er die neben ihm sitzenden Kuchenesser beschämt, indem er sie mit langweiligen Kalorienfragen belästigte.

Und bestimmt wäre er nicht auf den Gedanken gekommen, andere zu maßregeln für (zugegeben ungesunde) Gewohnheiten, denen er bis vor kurzer Zeit noch selbst fröhlich gefrönt hatte. Ein toleranter, reizender Mensch hatte sich plötzlich in einen spießigen Prediger verwandelt. Sein eingeschränkter Blick auf sein Ego hatte ihn gleichsam erblinden lassen für den Takt, der die Musik macht. Er hatte sein „Selbst" um etliche Kilos, aber auch und um seine wunderbare, ihm eigene Individualität dezimiert. Er war jetzt einer dieser Gesundheitsapostel, die ebenso zahlreich wie fundamentalistisch ihre eigenen Ideen hämmernd proklamieren, damit alle so werden wie sie selbst. „Harmonie" nach egozentrischen Maßstäben ist jedoch nichts anderes als Diktatur – im Großen ebenso wie im Kleinen.

All das kann ich nur deshalb so unbekümmert schreiben, weil der Freund die seinem Selbst so fremde Attitüde Gott sei Dank nicht lange durchhielt. Ob er die gemütlichen Abendessen mit seinen Freunden vermisste? Ob seine Frau ihm drohte, ihn zu verlassen, wenn er nicht aufhörte, nur noch um sich selbst zu kreisen? Ob seine Kinder ihn auslachten? Ich weiß es nicht. Jedenfalls war er nach kurzer Zeit wieder der Alte: Er erfand und kreierte die schmackhaftesten kalorienreduzierten Gerichte, mit denen er bald wieder seine Freunde bekochte – und beschränkte sein eigenes Alkoholquantum, ohne Aufsehen darum zu machen, auf ein Glas Wein, während er großzügig ausschenkte. Wir hatten ihn wieder.

Dresscodes – was Stil und Pomp unterscheidet

$\mathcal{A}$ls in einem osteuropäischen Land die Kommunisten das politische Ruder ergriffen, stellte für viele seiner Bewohner allein die Flucht ins Ausland eine Alternative zu Unterdrückung, Unfreiheit und Schlimmerem dar. Darunter waren auch ein Fürst und zwei seiner Söhne, die aus dem ältesten, feinsten und angesehensten Adelshaus des Landes stammten. Jeweils mit nicht mehr Habseligkeiten bepackt, als in einen Rucksack passten, schlugen sie sich – durch Gestrüpp und Dornen kämpfend – Richtung deutsche Grenze durch, welche sie unter einigen Gefahren überwanden. Auf der deutschen Seite angekommen, wurden sie gemeinsam mit vielen anderen Flüchtlingen in vom deutschen Staat für sie vorgesehenen Blockhütten untergebracht, in unmittelbarer Nähe der Residenz eines der bedeutendsten Fürstenhäuser Deutschlands. Bald wurde dort bekannt, welch illustre Standesgenossen sich vorübergehend in nächster Nähe befanden. Eines Tages klopfte ein Bediensteter des Schlosses an deren Blockhütte im Flüchtlingslager und überreichte eine auf schweres Bütten gedruckte Einladung zum abendlichen Diner. Vater und Söhne freuten sich über die Abwechslung in ihrem sich doch eklatant von ihren Lebensgewohnheiten unterscheidenden momentanen Dasein. Bevor sich der Bote verabschiedete, bemerkte er noch: „Der Dresscode am Abend wäre dann ‚Frack'." Der hochadelige Flüchtling sagte daraufhin die Einladung formvollendet ab. Sein Frack hatte in seinem

Fluchtrucksack nämlich leider keinen Platz mehr gefunden.

„Dresscode" ist inzwischen ein auch im Deutschen gebräuchliches Wort und bezeichnet die verschlüsselte Information („Code"), was man bei bestimmten Gelegenheiten anziehen soll („Dress"). Jeder, der schon einmal in einer Kathedrale einen hässlichen Umhang umlegen musste, um seine nackten Arme zu verbergen oder der im Spielcasino eine Leihkrawatte aufgenötigt bekam, weil dieses Accessoire dort vorgeschrieben ist, wird zugeben, dass eine zuvor bekannte Kleiderordnung viel weniger peinlich ist: man weiß, wo man dran ist. So braucht sich niemand genieren, wenn er ausgerechnet die neue Krawatte von Gucci ausführen wollte, die zwar hochelegant ist – aber eben nicht passend, wenn die Gastgeber sich wünschen, dass ihre Veranstaltung in Abendbekleidung stattfindet. Man würde sich ins Abseits setzen – und diese Zumutung für den Gast wird vermieden, indem jeder die Information erhält, die er benötigt. An Kleiderordnungen sollte man sich halten – schließlich sind sie dazu da, eine „corporate identity" aller Anwesenden, Gastgeber und Gäste, zu kreieren, also das gute Gefühl, zur rechten Zeit am richtigen Platz zu sein. Jemanden, von dem man sicher weiß, dass er durch widrige Umstände gerade seiner gesamten Habe (inklusive seines Fracks) verlustig gegangen ist, feierlich zu einer Veranstaltung im Frack einzuladen, widerspricht jedoch dem Sinn des Dresscodes diametral. Und auch dem des Stils, wie wir im Folgenden sehen werden.

Kleidung ist ein subtiles Zeichensystem, welches Menschengruppen äußerlich eint und gleichzeitig Unterscheidungen erlaubt: Uniformen weisen Ansprechpartner oder bestimmte Verantwortlichkeiten aus (Polizist, Bahnbeamter, Soldat, Kellner), schaffen aber auch ein „Wir-

Gefühl", wie es Trachten, Mannschaftstrikots, Dresscodes und auch Schuluniformen vermögen. Letztere sind besonders interessant, da hier die (oft hochwertige!) Einheitskleidung einerseits Unterschiede aus Herkunft oder Vermögen nivelliert, andererseits die Individualisierung fördert, welche sich abseits von Äußerlichkeiten herausbilden muss: Wenn alle genau gleich angezogen sind, tritt plötzlich der beste, sympathischste, witzigste oder hilfsbereiteste Schüler durch seine spezifischen Eigenschaften, sein Können oder Engagement in den Vordergrund – und nicht allein durch seine teuren Sneakers oder die ererbte Brilli-Rolex. Hier wird erneut jenes wichtige Element des Stils sichtbar, welcher sich stets in der Balance zwischen dem Anderen und einem gesunden Selbstwertgefühl befindet: „Liebe deinen Nächsten wie dich selbst", heißt es im Neuen Testament der Bibel. Wer hätte darin je einen veritablen Stilmaßstab gesehen? Aber genau betrachtet wird hier exakt das Gleichgewicht deutlich, dass den Menschen als gleichzeitig soziales und mit Selbsterhaltungstrieb ausgestattetes Wesen wirklich ernst nimmt. Selbstaufgabe ist extrem selten stilvoll, ebenso wenig wie egoistische Prunksucht, die reine materielle Selbstbefriedigung ist. Beide Facetten müssen daher in den Blick genommen werden, um ihnen virtuos und mit gelassener Mühelosigkeit jenes Maß zu verleihen, welches den Stil prägt.

    Kleidung kann nämlich viel mehr als jedes andere Ding verbindend und gleichzeitig trennend wirken. Und das liegt nicht am Kleidungsstück selbst, sondern an seinen Trägern. *„Die Außenseite eines Menschen ist das Titelblatt des Innern"*, sagt ein persisches Sprichwort – und genau da werden generalisierte „Dresscodes" immer unübersichtlich. In Elisabeth Bonneaus Ratgeber „Stilvoll zum

Erfolg" fand ich zum Beispiel zum Thema „Smoking" folgende Warnung: *„Mit einer bunten Fliege zum Smoking laufen Sie Gefahr, sich zum Gespött zu machen."* Da kann man bei allem Respekt nur sagen: Knapp vorbei ist auch daneben. Auf manchen Adelsfesten übertreffen sich die jungen Herren jedenfalls gegenseitig in der Buntheit ihrer Fliegen und Kummerbunde zum Smoking und man würde sich dort höchstens zum Gespött machen, wenn man solche Originalität bespöttelte. Die Mitte zu finden zwischen Dresscode und individueller Note ist hier die Kunst! Die Voraussetzung ist, wie beim Tanz, die Grundform zu beherrschen, dann sind der Improvisation innerhalb dieses Rahmens nur die Grenzen der *Temperantia* gesetzt; Übertreibungen sind eben immer stillos – oder: uncool. Gerade bei homogenen Gruppen gehören ironische Interpretationen oft zu ihrem besonderen Stil. Sehr gut kann man das auch beim Tennis in den letzten Jahrzehnten beobachten: Gab es da noch zu meiner Schulzeit einen strikten Dresscode, der besagte, dass alle Bekleidungsstücke der Sportler unbedingt weiß zu sein hatten, geriert der Center Court in Wimbledon heute zum Catwalk originellster Anverwandlungen der klassischen Grundform. Rafael Nadal zeigte sich neulich im Piratenlook samt knielangen (weißen) Shorts, wilder Mähne und um den Kopf geschlungenem Bandana, die Britin Georgie Stoop mit einem weißen Tüllröckchen, unter dem beim leisesten Windstoß eine knallrote Unterhose hervorblitzte. Sie setzen Akzente innerhalb des Rahmens des „weißen Sports" mit ihrer persönlichen Note und trotzdem spielen sie einwandfreies Tennis – und darum geht es in erster Linie.

Dass Banker im Dienst stets Anzug mit Krawatte tragen, ist nicht (nur) ein Code dafür, dass sie sich für eine besonders vornehme Berufsgruppe halten, sondern dass ihr Privates zurücktritt hinter dem offiziellen Auftritt des Bankhauses, welches sie repräsentieren. „Seriös" lautet die Botschaft der Zeichensprache, welche den Kunden durch den gepflegten, unaufdringlich-eleganten Dresscode der Angestellten vermittelt werden soll. Angesichts der Bankencrashs der letzten Jahre scheint sich da ein ironischer Graben zwischen Sein und Schein aufzutun. Andererseits: Wer ließe sein Geld gerne und ohne Skepsis von einem Banker mit in den Kniekehlen hängenden Rapperhosen und romantischem Rauschebart verwalten? Seien wir ehrlich: Angemessene Kleidung hat in bestimmten Branchen einen gewissen Beruhigungseffekt, auch wenn er vielleicht irrational ist. Für Schlagzeilen sorgte neulich der detaillierte Dresscode der Schweizer Bank UBS, welche auf vierundvierzig Seiten sehr genaue und strikte Kleidervorschriften für Mitarbeiterinnen ihres Hauses veröffentlichte. Wesentliche verpflichtende Punkte darin waren knielanger Rock, weiße Bluse und – das sollte international für Aufsehen sorgen – keine bunten oder sich abzeichnenden Unterhosen. „Meine Bankerin trägt einen fleischfarbenen Slip", titelte daraufhin eine französische Zeitung süffisant – und genüsslich. Allzu extreme Dresscode-Botschaften können eben leicht in ihr genaues Gegenteil abgleiten.

Das gilt für alle Extreme. Kleidung ist nur in allererster Linie Schutz vor dem Wetter. Darüber hinaus vermittelt sie immer eine Botschaft. Macht und Reichtum können Beispiele solcher Botschaften sein, die durch Kleidung unterschwellig vermittelt werden. Alle diese codierten Auskünfte geraten aber ins Absurde, wenn sie allzu extrem überkommen: „Der/die hat es wohl sehr nötig!" Mächtiger als mächtig wirkt nur der Phantast. Reicher als der Reiche nur der notorische Angeber. Auch mit Statussymbolen ist es so eine Sache: Wenn jeder Strandbadcasanova die Auslese-Armbanduhr vom Juwelier Cartier trägt, findet sich der Reiche – soweit er äußere Attribute nur als selbstverliebte Information an seine Umwelt einsetzt – genau in der halbseidenen Gesellschaft wieder, von welcher er sich doch absetzen wollte. Den Unterschied macht die dazupassende innere Haltung, welche nicht beim herausgeputzten Ego stehenbleibt, sondern das Innen mit dem Außen, das Sollen mit dem Wollen virtuos verbindet. Ebenso wenig wie das bezauberndste, mit Brillanten bestickte Tanztrikot eine Meisterschaft des Tanzes bewirken kann, verkommt ohne Maß und Balance der Stil leicht zum Pomp – und wirkt nur lächerlich: „Der Kaiser ist nackt!" ruft in Andersens Märchen das Kind, als es des sich unfassbar elegant wähnenden Kaisers ansichtig wird.

Literarische Figuren wie Gottfried Kellers Schneidergeselle Wenzel Strapinski, Thomas Manns „Felix Krull" bis hin zu Patricia Highsmiths „talentiertem Mr. Ripley" weisen hingegen auf ein Phänomen hin, dass ein legendäres amerikanisches Bekleidungs-Stilbuch so umschrieben hat: *„In a true democracy, everyone can be upper class"* („In einer wahren Demokratie kann jeder Oberklasse sein"). Ohne ein Gefühl für das richtige Maß und eine selbstbewusste Lockerheit kann der Kleider-machen-Leute-Stil jedoch ebenso gewollt daherkommen wie das standesbewusste Kaschmir-Twinset mit Perlenkettchen samt Hermèstuch bei jungen Mädchen, welches es bezeichnenderweise nicht zu Weltruhm gebracht hat – da gehört mehr dazu. Auch jener adoptierte Prinz, der vielleicht ein origineller Knopf sein mag, dessen absurde Fantasieuniformen aber jedes Maß vermissen lassen, wird es nie in die allseits bewunderte Kategorie schaffen, welche die literarischen

Hochstapler erklimmen konnten. Pompöser Theaterdonner ist eben noch kein Stil. Gekonnt die Balance zu halten zwischen der ureigensten Individualität und der umgebenden Welt, zwischen der gegebenen Situation und der Botschaft, die vermittelt werden soll – das ist das Geheimnis stilvollen Maßes bei der Bekleidung.

Auffällig ist hingegen, dass diejenigen, die wirkliche Macht besitzen, auch ohne bedeutungsschwere textile Statussymbole auskommen können. Einer der denkwürdigsten Belege für diese These war die geschichtsträchtige Besiegelung der uneingeschränkten Souveränität des wiedervereinigten Deutschlands zwischen dem damaligen deutschen Kanzler Helmut Kohl und dem sowjetischen Staatschef Michail Gorbatschow: der eine trug zu dieser historischen Stunde eine Strickjacke, der andere einen Pullover. Selbst auf Krawatten hatten beide Staatsmänner verzichtet. Just in jenem entscheidenden Moment im Kaukasus war dieses völlig „unstaatsmännische" Outfit authentisch, wirkte aufrichtig, bodenständig und brüderlich. Das trug zur Entspannung bei – und bewirkte Großes.

Habit, Kutte oder Priesterkleidung sind besonders auffällige Zeichen der Mäßigung in Kleidungsdingen. Sie weisen äußerlich erkennbar auf eine innere Haltung hin. Sie sind Zeichen des einfachen Lebens aus religiöser Motivation. Leute, die so durch ihren Kleidungsstil auf den lieben Gott hinweisen, sind weithin erkennbar und tragen dabei auch eine besondere Verantwortung. Einem deutschen Weihbischof im einfachen schwarzen Anzug mit Priesterkragen und Kreuz passierte es neulich in einer großstädtischen Bahnhofshalle, dass er von einer Obdachlosen angesprochen wurde: „Sie sind doch ein Priester, da kann ich Ihnen doch sicher mal für einen Moment meine

Tüten anvertrauen? Da ist alles drin, was ich habe. Ich müsste mal eben dringend zur Toilette." Der verdutzte Gottesmann übernahm also die vier prall gefüllten und stark riechenden Plastiktüten der Frau und bewachte sie mitten im Gewusel des Kommens und Gehens. Bei ihrer Rückkehr strahlte sie: „Wusste ich es doch, einem Priester kann ich vertrauen." Hätte er hingegen eine stilvolle Krawatte zum seriösen Dreiteiler getragen, hätte sie ihn sicher nicht angesprochen.

Schließlich: Die heutzutage von Fernsehsendungen und Werbung vermittelte Dringlichkeit an jedermann unterhalb des taktvoll so genannten „silver age", sexy wirken zu müssen, entspricht nach Philipp Tingler der textil verschlüsselten Information der Paarungsbereitschaft. In einer Zeit, die Sex (von ihm wird gleich noch die Rede sein) und Fortpflanzung nahezu vollständig getrennt hat, sind diese durch Kleidung ausgestrahlten Signale am missverständlichsten. Einerseits wirkt manche Aufmachung wie eine deutliche Einladung, wo keine solche intendiert ist, andererseits stößt sie allzu oft dort an natürliche Grenzen, wo nicht nur Botschaft und Intention, sondern auch Outfit und Formen sich ästhetisch beredt widersprechen. Als mein Mann und ich letztes Jahr zur Adventszeit mit einem österreichischen Grandseigneur im berühmten Café des Wiener Hotels Sacher saßen, erblickten wir plötzlich fast direkt vor unseren Augen ein modernes Phänomen: Eine junge Frau lehnte offenbar wartend mit ihrem Rücken außen am Fenster zu unserem Café, bekleidet mit wuscheliger Mütze gegen Schnee und Kälte, Jeans, Winterstiefeln und taillenkurzer Felljacke. Und in der Mitte dieses Ensembles quollen zwei nackte Popohälften eindrucksvoll über den Hosenbund und pressten sich gegen die Fensterscheibe. Ein kleines, weißes String-Dreieck markierte einschneidend den Übergang zur blaugefrorenen Hochebene – und das Ganze war gekrönt von einem stattlichen, eintätowierten Geweih. Um ein Haar wären meine beiden Begleiter an ihren Cappuccinos erstickt.

SEX AND THE CITY – LUST, LEIDENSCHAFT UND STIL

*J*n einer der frühen Folgen der amerikanischen Erfolgsserie „Sex and the City" hat die romantisch angehauchte Charlotte ein Rendezvous mit einem gutaussehenden, wohlhabenden Investmentbanker. Er führt sie aus in ein elegantes Restaurant, man nähert sich an, versteht sich, lacht viel und ist bester Dinge. „Kommst du noch einen Sprung mit zu mir?" fragt er sie beim Verlassen des Restaurants. Sie will eigentlich nach Hause – andererseits mag sie den schönen Abend auch nicht so unvermittelt ausklingen lassen. „Also gut, auf einen letzten Espresso." In seiner sagenhaft schicken Wohnung will er dann sofort „zur Sache" gehen – sie bittet dann schließlich doch um ein Taxi. Dieses fährt vor, ihr Verehrer setzt sich gleich dazu und bittet, zwei Straßen weiter bei der nächsten Disko herausgelassen werden. „Hast du denn noch was vor?", fragt sie ihn, ziemlich verblüfft. „Nun, weißt du, ich brauche heute Abend noch dringend Sex", gibt er ihr zur Antwort.

„Ich liebe den Wald. In den Städten ist schlecht zu leben: da gibt es zu viele der Brünstigen." ließ einst Friedrich Nietzsche äußerst uncharmant seinen „Zarathustra" seufzen, als solche Offenheit unter den Geschlechtern noch nicht einmal denkbar erschien. Die Fernsehserie hingegen war ein Riesenerfolg. Einerseits, weil sie realistisch und gleichzeitig ziemlich komisch die Irrungen und Wirrungen heutiger sexueller Verhältnisse aufs Korn nahm, andererseits, weil sich so ziemlich jeder irgendwo darin

wiederfinden und mit einer der Personen und ihren diversen Erlebnissen identifizieren konnte. So stillos sich das Ende des oben beschriebenen Rendezvous' zunächst präsentierte, es spitzte eine Auffassung von Sexualität zu, die heute durchaus gebräuchlich ist. *„Sex ist ein Grundbedürfnis wie Essen und Trinken. Deshalb sollten Sie sich nicht dagegen wehren. Denn letzten Endes schaden sie sich sonst nur selbst"*, doziert die sich als „Love- und Life-Beraterin" vorstellende Susan Heat aus Düsseldorf im Internet. Dennoch kommt mir ein vornehmer Herr doch sehr merkwürdig vor, der seiner Flamme am Ende eines ansonsten stilvollen gemeinsamen Abends bedauernd erklärt, er müsse sich jetzt noch dringend seine Ration Sex beschaffen, als stünde er unmittelbar vor dem Verhungern oder Verdursten – oder als seien einem süchtigen Raucher nachts die Zigaretten ausgegangen.

Stimmt es denn, dass Sex ein Grundbedürfnis ist wie Essen und Trinken? Probieren Sie es doch mal aus. Nach drei Tagen ohne Flüssigkeit ist man verdurstet. Nach etwa drei Monaten ohne jegliche Nahrung ist man verhungert. Wie lange können Menschen ohne Sex überleben? Na bitte. Sex wird überschätzt in dieser Hinsicht. In anderer Hinsicht wird er wiederum unterschätzt: Wenn alle Menschen gleichzeitig und endgültig aufhören würden, Sex zu haben, würde zwar kein einziger von ihnen sterben – dafür gäbe es aber in der ziemlich überschaubaren Zeit von etwa drei Generationen keine Menschen mehr. Es würde also genau dasselbe passieren, wie wenn alle Menschen gleichzeitig aufhören würden zu trinken – die Menschheit würde durch einen allgemeinen Trinkboykott nur schneller aussterben als durch Sexverzicht. Sex dient also – ebenso wie das Essen und Trinken – dem Selbsterhaltungstrieb, aber auf eine andere Weise. Wo fehlende Flüssigkeit und Nahrung das Individuum sterben lassen, bewirkt fehlender Sex, dass die eigenen Gene nicht weitergegeben werden. Nicht das Individuum selbst ist bedroht, sondern die Zukunft seines Erbguts. Oder wie der Philosoph Arthur Schopenhauer es setzte: *„Der Endzweck aller Liebeshändel... ist wirklich wichtiger als alle anderen Zwecke im Menschenleben und daher des tiefen Ernstes, womit jeder ihn verfolgt, völlig wert. Das nämlich, was dadurch entschieden wird, ist die nächste Generation".*

Halt!, werden Sie sagen. Das stimmt doch nicht. War denn nicht gerade in der „Bild"-Zeitung zu lesen: *„Es ist DIE Baby-Sensation! Pop-Legende Elton John und sein Mann David sind Vater geworden!"*, als Klein-Zachary mit Hilfe einer Leihmutter das Licht der Welt erblickte? Und zwar gänzlich ohne Sex? Mit Hilfe der Wissenschaft und der Technik ist es seit Jahrzehnten möglich, Kinder ganz ohne Sexualkontakt zu bekommen. Insofern könnte man also feststellen, dass, sofern alle Menschen ihren Nachwuchs im Reagenzglas produzieren ließen, Sex für das Überleben gar nicht mehr nötig wäre. Man könnte ihn höchstens als „die schönste Nebensache der Welt" bezeichnen, gäbe es keinen Fußball und keine Schuhgeschäfte. Mahnend erhebt die „Love und Life-Beraterin" noch einmal den Finger: *„Die Wissenschaft sagt, eine ausgeglichene Libido hält gesund, macht schlank, hält jung, macht glücklich – eine absolut gute Sache. Jeder sollte ihr nachgehen."*

Nachdem auch Menschen, die wenig oder gar keinen Sex haben, nachweislich durchaus gesund, jung und glücklich sein können, bleibt also neben Bedürfnissen, die genauso gut durch Diät, Sport oder Schokolade gestillt werden könnten, ein einziges Stichwort: die Libido – das Streben nach Lust. Und da kommt der Eros ins Spiel: Geschlechtliche, unwiderstehliche Begeisterung – das Spannungsfeld zwischen individueller Ferne und sehnlich gewünschter Nähe zwischen zwei Menschen. Beim Tier verknüpft sich der Instinkt der Selbst- und Arterhaltung ganz unmittelbar mit dem Trieb der sexuellen Befriedigung. So wie dem hungrigen Löwen, wenn er die Gazelle erblickt, lustvoll das Wasser im Munde zusammenläuft und er sogleich zum Sprung ansetzt, der ihm sein köstliches Mittagessen ermöglicht, ist es in der Tierwelt auch mit dem Sex: In bestimmten, durch Hormonsausschüttung bedingten Zeiten („Brunft" oder „Brunst") erwacht bei den Männchen die Lust auf Sex – und da die Natur es so eingerichtet hat, dass das Lustzentrum der weiblichen Tiere gleichzeitig auf „Empfang" steht, ist dem lustigen Paarungstreiben so lange keine Schranke gesetzt, bis die Brunftzeit vorbei ist. Und nach einiger Zeit werden dann jede Menge Junge geboren.

Bei einem Jagdinner gelang einer äußerst smalltalkstarken Tante ein zweideutiges Bonmot. Ihr Tischherr, der auf der anderen Seite der Erdkugel zu jagen gewöhnt war, wo die Fauna anderen Paarungszeiten folgt als hierzulande, fragte sie angelegentlich: „Und sagen Sie, Countess, wann ist eigentlich bei Ihnen Brunft?" – Ihre Antwort ließ die ganze Tischgesellschaft explodieren vor Lachen: „Och", meinte sie, „eigentlich immer." Und genau da liegt auch das Problem, das Nietzsche so griesgrämig kommentierte: *„Dass ihr doch wenigstens als Tiere vollkommen wäret! Aber zum Tiere gehört die Unschuld."* Bei Menschen gibt es keine Brunftzeiten wie bei den Tieren. Das Tier braucht nie an seine Arterhaltung zu denken, denn diese besorgt sich selbst über die hormonell gesteuerte Befriedigung des Geschlechtstriebes. Das Tier macht ganz unschuldig das, was es gerade natürlich überkommt. Der Mensch kann hingegen, ganz ohne natürliche Beschränkungen, mittels seiner Vernunft auf die Befriedigung seines Triebes reflektieren und ihn von seinem Zweck, der Arterhaltung, entkoppeln. „Der Spiegel" fand dramatische Worte für das Durcheinander, das daraus entsteht: *„Gefesselt an sein evolutionäres Erbe, irrt der Mensch in seinem Triebleben umher."*

Das diesbezügliche „Irren" ergibt sich aus einem sehr einfachen Grunde, der aber die ganzen Schwierigkeiten den Stil betreffend mit sich bringt: Dass am Sex eben im Idealfall zwei Leute beteiligt sind. „Liebe machen" ist ein gern gebrauchter Terminus dafür (den wohl keiner für die Onanie wählen würde!). Es geht dabei um mehr als um individuelle Triebbefriedigung. Wer schon einmal einen meisterhaften argentinischen Tango beobachtet oder gar selbst getanzt hat, erkennt sofort den Unterschied. Kein um sich selbst kreisendes, einsames „Abtanzen" in Free-Style-Manier – sondern zweisam gebündelte Kraft, Intensität, Spannung, beherrschte Einheit in der leidenschaftlichen Unterschiedlichkeit und – Stil. Letzterer hat immer etwas zu tun mit dem ungetrübten Blick auf die ganze Wirklichkeit. Und diejenige Realität, die uns in der Sexualität begegnet, ist – der Partner. „Sex *allein* macht nicht glücklich" bekommt so eine ganz neue Deutung – es sei denn, man hat sexuell wirklich nur Minimalansprüche. Wer nach wahrem Glücksgefühl in einem erfüllten Liebesleben strebt, kommt an einem Partner, einer Partnerin für „die schönste Nebensache der Welt" also nicht vorbei – erst an ihm oder ihr entzündet sich ja die Leidenschaft, die Phantasie, die Spannung und ja, auch der Stil in seiner intimsten Variante. Wie in jedem anderen Kontext muss man dem Partner als eigenständiger Person Rechnung tragen. Aber nicht im Sinne von lauer „Rücksichtnahme", sondern als kraftvolle Antwort auf die Anziehungskraft, die von ihm, von ihr ausgeht und die Vereinigung will, die erst wirklich „komplett" macht. Das ist ungleich mehr als die mechanische Beseitigung eines empfundenen Unlustgefühls, wie es auch das Kratzen eines juckenden Mückenstichs darstellen kann. Sie zielt auf Harmonie pur, welche jeden der Partner tiefer „er selbst" werden lässt. „Harmonie" verliert da den ihr zuweilen anhaftenden, unguten Klang von „wir wollen uns vertragen". Sie entpuppt sich als elementare Urkraft. Um diese Krone des Glücks zu erlangen, bedarf es also – und hier hätte Nietzsche die Krise bekommen – der Mäßigung. In der Tat, das klingt wie ein Paradox. Aber schauen Sie sich den Tango an, da sieht man es am besten: „Inzuchtnahme" hat hier nichts Oberlehrerhaftes, sondern bezeichnet die beherrschte Bündelung der Kräfte zweier sich gerade wegen ihrer Unterschiedlichkeit leidenschaftlich anziehender Personen. Ein Tango, bei dem jeder das machte, wozu es ihn gerade hinreißt, wäre ein ödes Kuddelmuddel. Genauso macht Egozentrik den Liebesreigen abgeschmackt, fad und ätzend. Der Investmentbanker aus „Sex and the City" hätte seine Traumfrau mit hoher Wahrscheinlichkeit gewonnen, hätte er es nur fertiggebracht, die Grundspannung zu erhalten und dafür auf seine unmittelbare Triebbefriedigung (mit einer anderen) verzichtet. „Ich kann nicht anders" ist dabei überhaupt keine Ausrede, es sei denn, jemand sei ein Triebtäter – den man nur als krank, niemals aber in irgendeinem Kontext als „stilvoll" bezeichnen würde. Bei gesunden Menschen muss es dann eher heißen: „Ich will nicht anders." Ich will gar nicht tanzen – ich will meiner inneren Unruhe irgendwie zu Leibe rücken. Genau das ist der Unterschied zwischen Menschen und Tieren, Letztere, wie Nietzsche richtig bemerkte, unschuldig dem nachgehen, was der Automatismus der Natur an ihnen bewirkt. Der Wunsch, bei Menschen solle es doch ebenso sein, ist aber nicht weniger als der Wunsch, der Mensch möge keine Vernunft und keinen freien Willen haben und sich willenlos irgendwohin treiben lassen können, „gefesselt an sein evolutionäres Erbe". Die gewaltige Wirklichkeit der menschlichen Sexualität würde aber dabei eingeengt auf einen winzigen Ausschnitt des Möglichen: An die Stelle der leidenschaftlichen Auswahl rückte ein überstürztes, wahlloses Grapschen, an die der vorausschauenden Überlegung tumbe Unbedenklichkeit. An der Stelle von feinfühliger Fantasie und virtuoser Flexibilität fände sich nicht mehr als egozentrische Selbstbefriedigung. Und wo die Vernunft zur Ruhe kommend einen Beschluss fällt, wie Goethe es ausdrückte: *„Da ruht das Herz, und nichts vermag zu stören den tiefsten Sinn, den Sinn: ihr zu gehören"* – stünde stattdessen nervöse Unbeständigkeit, welche den schnellen Kitzel sucht, wieder und wieder, rastlos und letztlich wie das Pendeln zwischen Fast-Food-Restaurants auf der Suche nach dem 3-Sterne-Menü. Stilvoll wird das wohl niemand nennen. Und nebenbei geht genau das verloren, was zu Recht als unvergleichbares, sinnliches Glück, als Leidenschaft pur bezeichnet wird – ganz zu schweigen von der Liebe. Spektakulär ging vor einiger Zeit der Fall des Golfprofis „Tiger" Woods durch die Weltpresse – immer häufiger wird inzwischen der Ausdruck „Sexsucht" für solche stillosen Entwicklungen genannt. Ich kann nicht beurteilen, ob es sich dabei eher um ein bereitwillig-schamhaftes Flüchten in den Ausweg einer „unschuldigen" Krankheit oder um den selbstzerstörerischen, knechtenden Effekt handelt, den die allein aufs eigene Ego gerichtete sexuelle Stillosigkeit bewirken kann: Den Verlust der dem Menschen eigenen Autonomie in einem zentralen Bereich der Selbsterhaltung. Und damit der Verlust des Eros. Aber da der Mensch einen Willen hat, gibt es immer wieder einen Weg zurück in die kraftvollen Bahnen des Stils – oft genügt es, den Blick endlich weg von sich selbst wieder auf den Anderen zu richten. Es lohnt sich allemal für den, der ganzheitlich glücklich werden will. Zuweilen vermögen jedoch erst gesetzliche, körperliche oder gesundheitliche Grenzen einen ungezügelten, aus dem Lot geratenen Willen zur Besinnung zu bringen.

Ein namhafter europäischer Politiker, dessen Name hier verschwiegen sei, hatte – obschon nicht mehr der Jüngste – urplötzlich die Reize schöner, blonder junger Damen für sich entdeckt. Blind vor Leidenschaft taumelte er von Affäre zu Affäre. Er wurde dadurch auch blind für den Schmerz seiner Ehefrau, wahllos in der Auswahl seiner Gespielinnen, unempfindlich für die Plünderung seines Portemonnaies und taub für den Spott seiner Freunde. Er vergaß sein Ansehen, seinen Ruf – sein Blickfeld war ganz eingenommen von der Entdeckung von maß- und schrankenlosem Sex. Als schließlich seine Manneskraft schwächer wurde, soll er ein flehentliches Gebet zum Himmel gerichtet haben: „Ach Gott, nun hast du mir schon das Können genommen – so nimm mir doch endlich auch das Wollen!" Offenbar war seine Blindheit schon ein wenig gewichen und sein Blick auf die Realität wieder freier geworden. Und so gab er sich selbst schließlich das Wollen dessen zurück, was er als sein stilvolles Sollen wieder erkannte: Er kehrte entschlossen zu seiner Frau zurück, die ihm äußerst stilvoll entgegenkam.

SCHENKEN NACH MASS

"Da ist Marko, und da ist ganz viel Geld!", dröhnte es aus vielen Lautsprechern in der Innenstadt Kaiserslauterns. An einem bitterkalten Morgen im Januar drängten sich Tausende von Menschen auf dem Stiftsplatz um einen dort aufgestellten Kran. 100.000 Euro hatte der Lastwagenfahrer Marko bei einer Radioshow gewonnen mit seiner Idee, 75.000 davon buchstäblich „aus dem Fenster zu werfen", genauer gesagt: aus dem Fenster des Mainzer Rathauses. Dort wurde seine ungewöhnliche Geschenkidee allerdings reserviert abgewinkt: „Fragwürdige Symbolik", hatte es geheißen und außerdem ließe sich kein Fenster öffnen. In Kaiserslautern hatte man keine Vorbehalte gegen den „Megaspaß", wie es hieß. Und nun drängten sich also die Leute, um den Geldregen von einem dort aufgestellten Kran selbst zu erleben. Von weit her waren viele von ihnen angereist. „Altruistisch" nannte einer Marcos Idee und ein anderer fand, das sei „ja auch sozial". Vor allem aber bringe es „Spaß, Fun, Happening". Und brauchen könne man einen solchen Geldsegen ja auch. Die Schuhe mussten sie ausziehen – trotz Minusgraden – wegen der Verletzungsgefahr, versteht sich. „Ich hol mir hier ein Stück vom Glück", sagte einer noch, bevor es los ging. „Echt irre" fand Marko das alles – obwohl es doch eigentlich eine Schnapsidee sei. Und dann kletterte er auf den Kran und ließ Geld übers Volk regnen.

Was der eine oder andere als – je nach Standpunkt – stillosen oder witzigen Auswuchs unserer Spaßgesellschaft sehen könnte, hat eine lange Tradition. Die deutsche Redewendung „Geld aus dem Fenster werfen" bezieht sich ganz konkret auf eine historisch überlieferte Gegebenheit: In Regensburg pflegte der deutsche Kaiser aus dem Fenster des Reichtagserkers dem ihm huldigenden Volk Münzen zuzuwerfen. Und das hatte nichts damit zu tun, dass er ein besonders großzügiger oder zu Verschwendung neigender Mann war, sondern bezeichnete die Weiterführung einer langen Tradition von Macht und Unterwerfung – die sich in füllhornartiger Ausgießung von Geschenken über das Volk äußerte. Schon Statius, der Hofdichter des römischen Kaisers Domitian, berichtete über solche Geschenkorgien im römischen Zirkus: *„Kaum strahlt leuchtend das Morgenrot, da regnen Näschereien dem Volk im Zirkus wieder."* Auch Gold- und Silbermünzen ließen die römischen Kaiser auf ihr Volk regnen, Früchte und sogar seltene Vögel. Die wegen ihrer besonderen Grausamkeit berühmten Kaiser Caligula und Nero ließen zudem sogar Gutscheine für Schiffe und Landgüter über ihrem Volk abwerfen. Wozu diese ausufernde Großzügigkeit? Wir sehen hier die archaisch überhöhte Form eines Grundsatzes, der das Wesen des Menschen zutiefst prägt.

Selten machen wir uns darüber Gedanken, dass vom ersten bis zum letzten Atemzug jeder Mensch ein Gebender und Empfangender ist. Mit dem ersten Schluck Nahrung wird der Säugling zum Beschenkten – sein erstes Lächeln schenkt seiner Mutter Freude. Das Geben und Empfangen wird also bereits als vorsprachliche Körpersprache evident. Die Eltern schenken ihrem Kind Worte und dadurch die Sprache, die ihn erst zum lebensfähigen Menschen macht – das Kind gibt ihnen im Gegenzug Zuneigung und Antwort. Das Geben und Empfangen durchdringt buchstäblich jede menschliche Aktion: Man gibt und nimmt nicht nur Dinge, sondern auch Zeichen,

Worte, Aufgaben und Funktionen. Diese Tatsache zieht einen Symbolismus nach sich, der uns im Alltag gar nicht bewusst ist und der von geradezu ritueller Bedeutung für die Gewohnheit des Schenkens ist. Auch der Tauschhandel beruht auf diesem Prinzip des „*do ut des*", des Gebens und Nehmens (welches auch ins römische Rechtssystem einging), ebenso das Wirtschaftswesen, vor allem aber unsere Beziehungen. Die „Ökonomie der Gabe" gleicht dabei einem Kreislauf, der nicht unterbrochen werden darf. Gegenseitigkeit und Reziprozität sind die Stichwörter: Man spricht von einem „symmetrischen Tausch", wenn eine Balance zwischen Gabe und Gegengabe, zwischen Geber und Empfänger herrscht. Der „asymmetrische Tausch" hingegen ist subtiler – in ihm scheint häufig die Symbolik vom erhabenen Spender und vom unterwürfigen Empfänger auf. Genau daraus ergibt sich die antike und mittelalterliche Praxis der Herrschenden, Geschenke unters Volk zu werfen: Die königliche Gabe steigt gleichsam herab und bestätigt wohlwollend ein politisches Verhältnis: Die unverhältnismäßig großen Gaben manifestieren die höhere Würde des Herrschers – und ihre Annahme verpflichtet zur Unterwerfung.

Eine Redewendung, die ich vor meinem Umzug von Süddeutschland ins Rheinland noch nie gehört hatte, befremdete mich vor Jahrzehnten nachhaltig. Als ich bei meiner ersten Einladung bei noch ziemlich unbekannten Nachbarn ein kleines Geschenk mitbrachte und es der Hausfrau überreichte, entgegnete sie – und mir schien es fast, ihre Lippen wurden etwas schmal dabei: „Oh, das wäre aber nicht nötig gewesen." Ich erinnere mich noch heute an meinen Schrecken, etwas falsch gemacht zu haben. Natürlich ist es nie „nötig", ein Geschenk zu machen – aber man tut es „eben so". Da steckt kein bestimmter Vorsatz dahinter und noch viel weniger eine intendierte Kränkung, die „nicht nötig gewesen" wäre. Andererseits sagt man doch: „kleine Geschenke erhalten die Freundschaft" – umso rätselhafter, warum diese symbolische Geste als „nicht nötig" erachtet werden sollte. Kurz und gut, ich war so lange verwirrt, bis ich begriff, dass „das wäre doch nicht nötig gewesen" im Rheinland gleichsam die Standardantwort darstellt, wenn man ein Geschenk in Empfang nimmt: Keiner denkt sich etwas dabei. Bedenkt man aber doch einmal die unbewusst ins kollektive Gedächtnis eingegangenen Implikationen des asymmetrischen Schenkens früherer Herrscher, wird der gar nicht mehr wahrgenommene tiefere Sinn der Redewendung offenbar – und zur Mahnung: Um Himmels willen niemals durch übertriebene Geschenke die Balance des Gebens stören. Es könnte der archaische Impetus von Autorität und Unterwerfung darin mitschwingen.

Kein Wunder also, dass die Mainzer Stadtväter Markos „Geldregen" intuitiv als „fragwürdige Symbolik" abkanzelten. Und zwar in dreifacher Hinsicht: Einerseits ist deren bedeutungsschwere Asymmetrie – wenn auch unbewusst – vielen Menschen suspekt. Sie empfinden solches Gebaren intuitiv als stillos, wissen aber nicht genau, warum. Was der römische Philosoph Seneca seinem Freund Lucilius schrieb, gibt diesem unbestimmten Unbehagen die rechten Worte: *„Wir sollten uns an das Ehrbare halten und so vermeiden, unter die Macht der Fortuna zu fallen und unter das Ermessen von anderen."* Andererseits würde es auch die Machtebenen verzerren, wenn ein Lastwagenfahrer auf dem Hoheitsgebiet einer Stadtregierung „Huldigungen des Volkes" entgegennähme als Gegenleistung für das monetäre Füllhorn, welches er aus dem Rathaus gießt. Nicht allzu überraschend also, dass sich die Regierung da nicht symbolisch die Macht entreißen lassen wollte. Dies geschieht nur ein einziges Mal im Jahr, wenn mit ironischem Vorbedacht alle Herrschaftssysteme umgekehrt werden: im Karneval. Denken Sie an die „Kamelle"! Aber mitten im Januar ist eben noch kein Karneval. Der dritte Punkt ist sogar noch subtiler: Die *Largitio*, jene überfließende Freigebigkeit früherer Herrscher, die durch Geschenke ans Volk zur Schau gestellt wurde, hatte vor allem mit Autoritätssicherung zu tun. Die Gabe des Herrschers galt als sinnfälliger und öffentlicher Beweis dafür, dass er durch seine Herrschaft den Wohlstand für sein Volk wachsen ließ: Geben und Nehmen betrafen auch ihn. So lange das Volk seine Gaben annahm, konnte er sich dessen Zustimmung und Zufriedenheit sicher sein. Und damit seiner eigenen Autorität und Macht. Wenn das Volk sich jedoch nicht mehr für die Gaben interessierte oder sie – horribile dictu! – gar als Verschwendung ihres eigenen (Steuer-)Geldes geißelte, war es vorbei mit seiner Herrschaft. Die Entscheidung der Mainzer Stadtväter, kein Geld aus dem Fenster ihres Rathauses werfen zu lassen, war also durchaus vernünftig – an klemmenden Fenstern allein wird es bestimmt nicht gelegen haben.

Das geflügelte Wort „*Timeo Danaos et dona ferentes*" (Hüte dich vor den Griechen, auch wenn sie Geschenke bringen) zeigt auf andere Weise das Unbehagen an übertriebenen Geschenken. Die Redewendung geht auf einen der bedeutendsten römischen Dichter, Vergil, zurück. Dieser beschrieb in seiner „Aeneis" den Charakter des Danaergeschenkes – des wohl berühmtesten Geschenkes mit fataler Wirkung in der Geschichte. Es war in Homers „Ilias", wo die listenreichen Griechen in aussichtsloser Lage die Trojaner mit einem Geschenk sprichwörtlich überwältigten: Das prachtvoll geschnitzte, riesige Pferd, welches sie als Zeichen ihrer Unterwerfung den Trojanern schenkten, enthielt in seinem Bauch die Krieger, welche in der darauffolgenden Nacht Troja in Schutt und Asche legten. Die Möglichkeiten, Menschen durch Geschenke nachhaltig zu schädigen, sind zahlreich. Was zuweilen wiederum fatale Folgen zeitigen kann, wie die französische Geschichte zeigt.

Der große Aufklärer Jean Jacques Rousseau beschreibt in seiner „Träumerei eines einsamen Spaziergängers", wie er zu einem eleganten Essen geladen ist. Im Anschluss daran begibt sich die vornehme Gesellschaft in den naheliegenden Park zu einem Spaziergang. Einer der Gäste, ein feiner junger Mann, kauft Mengen von Pfefferkuchen und wirft sie gezielt unter die im Park Erholung suchende Bevölkerung. *„Herden von Bauernbuben"* stürzen sich darauf und prügeln sich grün und blau um die feinen Gebäckstücke. Ein wildes Gebalge, zu Knäueln verknotete Menschenbündel, ein irrwitziges Durcheinander bewirken diese „guten Gaben". Mehrere der vornehmen Herrschaften beteiligen sich an dem Spiel, auch Rousseau, wie er schreibt, *„aus falscher Scham"*. Doch nach einiger Zeit widert ihn das bewirkte Chaos nur noch an. Er wendet sich ab. Da sieht er ein kleines Bauernmädchen, das in einem Korb noch ein Dutzend Äpfel trägt, welches es zum Verkauf anbietet. Rousseau kauft dem Mädchen alle seine Äpfel ab und verteilt sie dann einzeln an umstehende Kinder. Obwohl es letztlich dieselbe Situation ist wie die „verschenkten" Pfefferkuchen, so spürt er nun eine fast paradiesische Atmosphäre. Da herrscht Freude über das Geschenk – und diese flutet zum Geber zurück und verschafft ihm ein warmes Vergnügen. *„Als ich über die Art des Vergnügens,* *das ich kostete, nachgedacht hatte, fand ich, dass es weniger im Gefühl des Wohltuns bestand als in dem Vergnügen, zufriedene Gesichter zu sehen."* Zufriedenheit, Frieden – all das trägt Ordnung in sich. Schon Thomas von Aquin hatte messerscharf akzentuiert, wo der Hase eigentlich im Pfeffer liegt: An der wesenhaften Unordnung der Verschwendung: *„Die Verschwendung ist stets eine Sünde, nicht hauptsächlich der Menge dessen wegen, was man gibt, sondern wegen der Unordnung bei der Handlung des Gebens."* Was Thomas von Aquin mit „Sünde" bezeichnet, ist die willentliche Unterbrechung des Kreislaufes der „Ökonomie der Gabe". Es geht nicht mehr um ein ausgeglichenes Geben und Nehmen – sondern allein um das diebische Vergnügen des Gebers, koste es, was es wolle. Die historischen Beispiele abscheulicher Lustbarkeiten, die mit solcher mangelnden Reziprozität einhergingen, füllen Kilometer von europäischen Buchregalen: Die organisierten „Plünderungen" am Hofe des Sonnenkönigs Ludwig XIV. und seiner Nachfolger dienten beispielsweise der besonderen Belustigung der Herrschaften. Nach dem Essen umringten sie amüsiert die Tafel um zu beobachten, wie sich die freigebig dazu eingeladene, hungrige Bevölkerung auf die übriggebliebenen Delikatessen stürzte, sich dabei fast zerfleischte und des Öfteren tottrampelte. Joseph Joubert bemerkte dazu: *„Diese Arten der Freigebigkeit ... führten stets große Unordnung mit sich. Diejenigen, die sie erwiesen, ruinierten sich, diejenigen, die sich darum drängten, um etwas zu bekommen, verloren manchmal ihr Leben dabei."* Nirgends wird die auch gesellschaftlich-politische Dimension von „vornehm geht die Welt zugrunde" deutlicher als in diesen „Exzessen der Freigebigkeit" der französischen Aristokratie: Vornehme Stillosigkeit kostete sie schließlich Kopf und Kragen. Ihre strukturelle Maßlosigkeit bewirkte eine existentielle Unordnung, welche die Marodität des ganzen Systems symbolisierte und zu der beispiellosen Grausamkeit führte, mit der schließlich die Köpfe derer von den Guillotinen rollten, die dieses Chaos der Stillosigkeit selbst durch ihre Maßlosigkeit bewirkt hatten.

Diese Zeiten sind längst vorbei. Und doch schleicht sich auch in unserer Zeit mehr und mehr die Klage über die Problematik des Schenkens ein. Fast zu einem Alptraum wuchs sich die Kindergartenzeit meiner fünf Sprösslinge aus, wo eine Art Wettlauf von Geben und Wiedergeben stattfand. Ungezählt die Kindergeburtstage, Wichtelnachmittage und Festivitäten, zu denen Geschenke mitgebracht werden mussten. Nie sollten sie zu „dürftig" ausfallen – denn sonst hätte man sich dem Verdacht der Gleichgültigkeit ausgesetzt oder schlimmer noch jenem, Mama und Papa könnten sich nichts Besseres leisten. Zu üppig durften die Geschenke jedoch auch nicht geraten, da man sonst die Beschenkten in die Verlegenheit brachte, sich sofort wieder auf gleichem Niveau revanchieren zu müssen, um nicht schlecht dazustehen – und beim nächsten Mal läge der grausame schwarze Geschenkepeter wieder bei einem selbst. Ein Teufelskreis, der Erschöpfung und Unmut mit sich brachte. Wenn ich die Klagen der jungen Eltern in meinem Bekanntenkreis richtig deute, hat sich dieses Problem bis heute nicht erledigt. Und es betrifft darüber hinaus eine ganze Geschenkkultur, die hauptsächlich mit der Sorge zu tun hat, etwas falsch zu machen, Erwartungen nicht zu erfüllen oder Befürchtungen zu erwecken.

Eine Oase des Friedens in dieser Hinsicht stellten bis vor einigen Jahren Freunde und Verwandte dar: War man ohne einen besonderen Anlass bei ihnen eingeladen, brauchte man nichts mitzubringen. Warum das so war, wurde niemals reflektiert – es war einfach so. Geschenke mitzubringen zu einer Einladung unter Freunden oder Verwandten galt sogar unausgesprochen als eher stillos. Leider hat sich diese schöne Gewohnheit geändert. In allen Benimmbüchern, selbst den gehobenen, ist heute zu lesen, dass es Gästepflicht sei, immer ein Geschenk dabeizuhaben – die Vorschläge reichen von Blumen über Duftkerzen und Wein bis hin zu „Coffeetable"-Büchern – und irgendwie scheint jeder mitzumachen. Es ist ein Jammer, dass die schöne Tradition des Nichtschenkens unter Freunden mehr und mehr auf dem Altar einer zunehmenden Kommerzialisierung der Beziehungen geopfert wird – das fängt im Kindergarten an und setzt sich im Freundeskreis und traurigerweise sogar in Familien fort. Vielleicht mag der eine oder andere darüber nachdenken, ob es nicht lohnen würde, das stilvolle, griechische Ideal der Freundschaft wiederzuentdecken. Im Geist der antiken Ethik war es nämlich die Freundschaft, die alles zum Gemeinsamen machte. Basis war die Überzeugung, dass man sich in Familie und Freundeskreis auf Augenhöhe begegnet – und sich deshalb nichts schuldig sei. Die Freundschaftsmähler der Griechen atmeten den Geist dieser Gleichheit unter Gleichen – ein mitgebrachtes Geschenk hätte diesen aus dem Gleichgewicht gebracht und womöglich die Freundschaft gefährdet durch den wiedereinsetzenden Kreislauf des ausbalancierten Gebens und Erhaltens. Wurde hier die Gegenseitigkeit außer Kraft gesetzt? Mitnichten. Sie geht sogar noch tiefer. Ein Beispiel, das über den großen griechischen Philosophen Sokrates erzählt wurde: Aeschines, sein junger Schüler, war arm. Alle anderen brachten dem bewunderten Lehrer kostbare Geschenke mit als Dank für seine Unterweisung. Aeschines aber trat vor Sokrates mit den Worten: *„Ich habe dir nichts deiner Würdiges zu geben, und nur darum fühle ich mich arm. Daher schenke ich dir das einzige, was ich besitze: mich selbst."* Sokrates dankte Aeschines und antwortete: *„Ich werde aber Sorge tragen, es dir besser zurückzuerstatten, als ich es erhalten habe."* Einer gibt alles, was er ist, weil er nichts anderes zu geben hat. Und was er zurückerhält ist, dass er dadurch zu seinem besseren Selbst verwandelt wird. Hier sind spürbar religiöse Dimensionen erreicht – und im Christentum verbindet die noch größere und umfassendere Entsprechung dieser Idee schließlich Himmel und Erde, Schöpfer und Geschöpf: *„Eine größere Liebe hat niemand, als wer sein Leben hingibt für seine Freunde"*, wie es im Johannesevangelium heißt. Der ewige Kreislauf der Gebens und Erhaltens schließt sich hier in einem neuen Bund.

Sind wir hier nicht wieder bei einer ungesunden Maßlosigkeit des Geschenkes gelandet? Eher bei einem Wunder. Denn tatsächlich ist der einzige Moment, wo das Schenken ohne Maß nicht stillos ist, dann gegeben, wenn es aus tiefer Liebe erwächst. Wer hätte es „stillos" empfunden, als Gunther Sachs in Saint Tropez aus einem Flugzeug Zigtausende von Rosen abregnen ließ für die von ihm verehrte Brigitte Bardot? Natürlich kann sich das nicht jeder leisten – aber die Geste ist doch vollkommen unvergleichlich mit jenem herrscherlichen Münzregen, der allein einem durchsichtigen Machtsymbolismus folgte. Der italienische Dichter des 14. Jahrhunderts Giovanni Boccaccio illustriert diese Dimension der Liebe in seinem „Decamerone", wo er von einem Ritter erzählt, der sich all seiner Habe entäußert für die geliebte Dame. Er macht sich arm und opfert sogar seinen letzten Besitz, einen wunderbaren Falken: Er tötet den kostbaren Vogel, um seiner Geliebten ein Mahl vorsetzen zu können. Darin lag zugleich sein höchstes Glück. Die Liebe folgt eben ihrem eigenen Kreislauf von Geben und Empfangen und stellt zugleich dessen „inner circle" dar.

In meinem Leben habe ich viele wunderbare Geschenke bekommen, wert- und sinnvolle, geistreiche – und auch ein paar praktische. An einige von ihnen erinnere ich mich mit besonderem Entzücken und mein Herz macht in der Erinnerung an sie noch einen freudigen Sprung. Eines der wertvollsten kam von meinen beiden jüngsten Kindern. Sie waren noch wirklich winzig – vielleicht zwei und drei Jahre alt. Zu meinem und dem Schrecken meiner ganzen Familie musste ich über Weihnachten notfallmäßig ins Krankenhaus. Ich war verzweifelt, mein Mann tat alles, um den Kindern über ihren Schock hinwegzuhelfen. Als ich endlich wieder nach Hause kam, standen meine beiden Winzlinge Hand in Hand vor dem größten Schrank, der in unserem Haus zu finden ist. „Unser Geschenk!" riefen sie und wibbelten vor Aufregung. Ich war ziemlich verblüfft und verstand gar nicht, was sie meinen könnten. „Du musst dich auf den Boden legen!" riefen sie und hibbelten hin und her. „Auf den Boden?" – „Ja, du musst unter den Schrank schauen!" Ich legte mich also platt auf den Bauch und starrte in das Dunkel unter dem Schrank, wo ich hauptsächlich Wollmäuse erblickte. „Schau ganz genau! Ganz hinten!" – schrien die Kleinen aufgeregt. Ich kniff meine Augen zusammen – und tatsächlich: Ganz, ganz hinten lagen zwei kleine Gegenstände. Zuerst konnte ich nicht erkennen, was es sein könnte – und dann traf es mich wie ein Blitz: „Das sind ja eure Schnuller!" brachte ich heraus. Die beiden strahlten. „Haben wir druntergeworfen, damit du wieder gesund wirst", konstatierten sie zufrieden. „Da kriegen wir sie nie wieder raus." Wie lange hatte ich versucht, ihnen die schrecklichen Dinger abzugewöhnen? Und nun hatten sie diese – geopfert. Für ihre Mama. Wie der Ideengeschichtler Jean Starobinski es weniger emotional als ich sagen würde: „*Was man in sich an Kostbarstem empfangen kann, ist das Vermögen zu geben. Und was man den anderen Kostbarstes geben kann ist das, was in ihnen die Fähigkeit zum Geben erweckt.*"

IV. Schwimmen gegen den Strom: Fortitudo (Tapferkeit)

> IV. *Les visites.*
> *Révérence.*
> *visite à droite et révérence,*
> *visite à gauche et révérence,*
> *chassez, croisez et balancez.*
> *A vos places.*
> *chaîne anglaise.*

Sieben Crewmitglieder und siebenunddreißig Passagiere bestiegen an jenem Morgen das Flugzeug von Newark/New Jersey nach San Francisco, welches als „Flug 93" in die Geschichte eingehen sollte. Es war eines der vier Flugzeuge, welche am 11. September 2001 von islamistischen Terroristen entführt wurde. Nachdem diese ins Cockpit eingedrungen waren, brachten sie das Flugzeug in ihre Gewalt, indem sie beide Piloten töteten. Aus aufgezeichneten und berichteten Telefongesprächen von Passagieren und Crewmitgliedern mit Angehörigen und Notrufeinrichtungen können wir uns ein Bild machen, was danach in der gekaperten Maschine geschah. Die Flugzeuginsassen gingen zunächst davon aus, einer erpresserischen Flugzeugentführung zum Opfer gefallen zu sein. In ihren Telefonaten erfuhren sie dann von den zeitgleichen Anschlägen auf das World Trade Center und das Pentagon, in welche bereits drei Flugzeuge gerast waren. Ihr winziger Hoffnungsschimmer, gegen Lösegeld freikommen zu können und so eine Überlebenschance zu haben, wurde bald von der Gewissheit überschattet, dass auch dieses Flugzeug in ein „strategisches Ziel" gelenkt werden sollte. Allen Passagieren und der verbleibenden Crew stand ihr Schicksal klar vor Augen. In ihren Telefongesprächen verabschiedeten sich von ihren Lieben, sagten ihnen, wie sehr sie diese liebten, beteten mir ihnen. Und dann geschah etwas Außergewöhnliches. Statt verzweifelt und resigniert das Unvermeidliche abzuwarten, griffen die Flugzeuginsassen gemeinsam die Entführer im Cockpit an. Das Flugzeug stürzte schließlich auf einem Feld nahe Shanksville/Pennsylvania auf das Gelände einer verlassenen Kohlengrube ab. Es sollte das einzige bleiben, welches sein strategisches Ziel verfehlte. Alle Insassen starben. Die dramatischen Geschehnisse an Bord des „Flug 93" wurden einige Jahre später verfilmt. Autor und Regisseur Paul Greengrass begründete seine Motivation so: *„Den Entscheidungen, die an Bord getroffen werden mussten, müssen wir uns bis heute stellen. Unter diesen überaus schwierigen Verhältnissen im Flugzeug musste eine Gruppe ihren Entschluss fassen und danach handeln. Was sich daraus entwickelte war eine Story von unglaublicher Courage und großer Tapferkeit. Diese Menschen waren sehr, sehr mutig. Zudem handelten sie sehr klug."*

Tapferkeit. Jeder von uns erinnert sich noch an die beruhigenden Worte von Mutter oder Vater, wenn man sich als Kind verletzt hatte oder eine unangenehme ärztliche Untersuchung vor sich hatte: „Sei tapfer, Liebes. Du schaffst das." Oder die Überbringer schlechter Nachrichten, die deren Empfänger erst einmal vorsichtig einstimmen: „Sie müssen jetzt sehr tapfer sein." Tapferkeit geht immer einher mit Verletzungen. Ohne körperliche oder seelische

Verwundbarkeit bräuchte es keine Tapferkeit, denn ihr innerer Sinn ist die Hinnahme eines willenswidrigen Eingriffs in die natürliche Unversehrtheit eines Menschen. Die äußerste und tiefste Verwundung stellt der Tod dar. „Hinnahme" bedeutet dabei, wie das Beispiel der tapferen Insassen jenes „Flug 93" zeigt, nicht ein lammfrommes Abnicken selbst der bösesten Grausamkeit. Jeder dieser Menschen hatte einen unbändigen Überlebenswillen. Jeder von ihnen liebte sein Leben, dessen Freuden und Leiden, seine Familie – all jene Güter des Lebens, die man nicht einfach wegwirft oder sich entreißen lassen will. „Hinnahme" bedeutet die klare, unbeschönigte Einschätzung der Realität. Und diese bedeutete für die Entführten: Wir werden mit an Sicherheit grenzender Wahrscheinlichkeit in den nächsten Stunden sterben. Dieser Realismus durchzieht alle aufgezeichneten und berichteten Telefongespräche. Und mit ihr eine große Traurigkeit, die untrennbar zur Tapferkeit dazugehört: Der Tapfere weiß, was ihm droht, er macht sich darin nichts vor. Nicht Heroisches im Sinne des „furchtlosen Helden" haftet der Tapferkeit an – dazu ist sie zu realistisch.

Der chinesische Philosoph Konfuzius, der viel Weises gesagt hat, lag nirgends so falsch wie mit seinem Satz: *„Wer tapfer ist, der fürchtet nichts."* Wer nichts fürchtet, handelt tollkühn. Das Präfix „toll" bedeutet „verrückt", also das Gegenteil von vernünftig und realistisch. Der Tollkühne traut sich alles zu und ignoriert die Gefahr. Er thematisiert sie gar nicht in seinen Überlegungen. Dem Tapferen ist seine Situation indes realistisch bewusst. Er hat berechtigte Angst, aber er hält von innen heraus stand. Aristoteles sah in seiner „Nikomachischen Ethik" den Tapferen in der Mitte zwischen dem Feigen und dem

Tollkühnen – hier spielt die *Temperantia* eine Rolle, die rechte Ausgewogenheit. Gleichzeitig ist Tapferkeit nicht ohne Vernunft möglich – nur der Tollkühne kommt ohne sie aus. Am engsten verknüpft mit der Tapferkeit ist indes die Gerechtigkeit. Die seelische oder körperliche Verwundung oder gar Auslöschung von menschlichem Leben ist immer falsch und gegen das Gute gerichtet, ob dies das eigene Leben oder das von anderen betrifft. Die Realität dieses Schlechten zutiefst abzulehnen und deren Folgen dennoch standzuhalten selbst angesichts von Verletzung und möglichem Tod – das ist es, was das Konglomerat von „Tapferkeit" ausmacht. Sie hält am Guten fest, während sie dem Schlechten realistisch ins Auge blickt. Und diese Haltung befreit zu Mut und innerer Stärke. Sie lässt Raum für einen letzten Rest von Hoffnung und befähigt sogar zu einer gelassenen, ernsten Heiterkeit, die man, wenn der Kontext nicht so traurig wäre, als unendlich stilvoll bezeichnen müsste. Der zuvor zitierte Ausspruch *„dem müssen wir uns alle stellen"*, geht genau in die Richtung: Die Tapferkeit ist eine zutiefst anzustrebende Haltung. Jeder wünscht sich wohl, im entscheidenden Moment so tapfer sein zu können wie jene Passagiere des „Flug 93", die mit nur minimaler Hoffnung für ihr eigenes Leben das noch größere Gut verteidigten: Die Bewahrung des Lebens anderer Menschen, ihres bereits schwer verletzten Landes und – des Guten schlechthin. Nun saßen in diesem Flugzeug auch jene, die ebenso wussten, dass sie diesen Flug nicht überleben würden. Sie hatten ihren Tod sogar minutiös geplant: Die Selbstmordattentäter. Kann man auch sie als „tapfer" bezeichnen? Der gesunde Menschenverstand gibt die Antwort, noch bevor wir Ambrosius von Mailand konsultiert haben: *„Tapferkeit ohne Gerechtigkeit ist ein Hebel des Bösen."*

Wie integrieren wir die so fordernde Tugend der gerechten, vernünftigen und maßvollen Tapferkeit nun in unseren Stiltanz? Ist dieser nicht reines Vergnügen und frei von aller Mühsal? Dies kann nur glauben, wer noch kein echtes Tanztraining mitgemacht hat. Schmerzen gehören zum perfekten Tanz, denn seine Virtuosität ist oft Frucht von Muskelkater, Gelenkschmerzen und vielen Tränen. Aber wir wollen ja den ganzen Tanz des Stils erlernen, auch seine schwierigsten Teile. Die Schrittfolgen der *Fortitudo* sind daher:

Realistisch urteilen
Standhalten
Mut fassen
Stärke zeigen
Geduld bewahren
heiter bleiben

Beginnen wir zunächst ganz langsam und vorsichtig, bevor es richtig hart wird.

Vom Stil des Starkmuts

Eines der nettesten Mädchen in meinem Gymnasium war Evelyn. Eine gute Mathematikerin – aber Deutsch war nicht ihr Lieblingsfach. Seit ich sie kannte, war sie recht mittelmäßig in diesem Arbeitsgebiet gewesen. Als wir etwa 13jährig in die siebte Klasse vorrückten, geschah aber etwas Merkwürdiges: Evelyn kassierte für jeden Aufsatz ein „mangelhaft". Egal, was das Thema war, Bildbeschreibung oder Inhaltsangabe, Erlebnisaufsatz oder Nacherzählung – wie das Amen in der Kirche stand unter jedem ihrer Aufsätze eine Fünf. Als sie schließlich eine Abhandlung zurückerhielt, bei der nicht einmal die Fehler angestrichen waren – dennoch aber dieselbe vernichtende Note darunter stand, schöpfte sie den hässlichen Verdacht, dass es der Lehrerin inzwischen zur Gewohnheit geworden sein könnte, ihr immer dieselbe Note zu geben, ohne sich ihren Text überhaupt anzuschauen. Wir Freundinnen waren skeptisch. „Das kann eigentlich nicht sein!" Also ochste unsere beste Deutschschülerin gemeinsam mit ihr für den nächsten Aufsatz, der eine simple Wiedergabe des Inhalts eines Theaterstücks darstellte. Tagelang lernte sie mit ihr ganze Passagen des Stücks auswendig, übte mit ihr – Evelyn war brillant vorbereitet. Als die Arbeit zurückkam, stand die gewohnte Fünf darunter. Der Aufsatz las sich jedoch flüssig, enthielt wenig Fehler und alle wesentlichen Punkte waren angesprochen. Nun schien es evident. Es war einfach unfair! Das konnte man nicht so durchgehen lassen! So kam es zu einem – zumindest für Schüler – recht riskanten Schritt.

Unser Deutsch-Ass schrieb bei der nächsten Klassenarbeit zwei Aufsätze – einen gewohnt perfekten für Evelyn und einen ziemlich mickrigen für sich selbst, da die Zeit nicht mehr ausreichte. Gespannt warteten sie – wir alle! – danach auf die Ergebnisse. Evelyn erhielt wieder ihre Fünf. Unser Ass das gewohnte „sehr gut". Die beiden Mädchen gestanden nun gemeinsam vor der ganzen Klasse ihren Coup – ängstlich, zornig und triumphierend zugleich. Der Effekt war, dass die Lehrerin weiß vor Zorn wurde, jede von ihnen wegen der Täuschung eine glatte Sechs kassierte und eine empfindliche Strafarbeit dazu.

Die Tapferkeit ist – jenseits ihrer Konnotation mit körperlichen Wunden – in Verruf geraten. Nur für den Zuspruch bei kleineren und größeren Wehwehchen bei Kindern findet er noch Einsatz – allzu verwüstet ist ihr Wesen durch den Missbrauch dieser Haltung in zwei Weltkriegen. Soldatische Tapferkeit wird – böse ausgedrückt – heute interpretiert als gleichermaßen aggressive, todesmutige und unreflektierte Unterwerfung unter die Anordnungen eines militärischen Machthabers zum Preise eines Ordens. „Tapferkeitsmedaille" werden solche Abzeichen genannt. Oft überlege ich mir, wie Soldaten heute in ihren zuweilen höchst gefährlichen Einsätzen wie dem in Afghanistan wohl damit zurechtkommen, dass gerade diejenige Eigenschaft, welche sie im höchsten Maße benötigen, gesellschaftlich als Ausdruck ebenso tollkühnen wie gehorsamen Befolgens totalitärer Befehle bewertet wird. Denn Tapferkeit in ihrer unverdorbenen Form bezeichnet nichts anderes als: Verteidigung des Guten.

Das deutsche Wort „tapfer" bedeutet so viel wie schwer, wichtig, fest, kompakt. Wenn etwas Gewicht hat – und das Gute hat für den Stilvollen notwendig immer Gewicht! – muss man bereit sein, dafür einzustehen. Auch gegen Widerstände. Wie Thomas von Aquin es zusammenfasste: „*Die sind tapfer, die der Traurigkeit und dem Verdruss widerstehen.*" Traurigkeit und Verdruss werden stets hervorgerufen durch Umstände, die wir als ungut empfinden: Dies können einerseits Ungerechtigkeiten sein, welche wir oder andere zu ertragen haben, andererseits Situationen, die wir zuweilen hilflos mit „ach, das Leben kann so ungerecht sein" kommentieren: Krankheit, Trauer, Verlust. An solchen durch Ungerechtigkeit hervorgerufenen Empfindungen nicht zu resignieren oder sich ihnen in Verzweiflung zu ergeben – das ist das Wesen der Tapferkeit. Nie werde ich vergessen, mit welcher *Fortitudo* meine damals 24jährige Freundin Marion ihr Schicksal auf sich nahm, als ihr geliebter Mann einem Unfall zum Opfer fiel. Von einem Tag auf den anderen stand die junge Frau alleine da, mit zwei winzigen Kindern. Die Entschiedenheit, mit der sie ihr Unglück annahm, die Probleme bewältigte, mit denen sie konfrontiert wurde und „das Gute verteidigte", obwohl ihr das Leben eine nahezu unheilbare Wunde geschlagen hatte, ließ mich zum ersten Mal den Begriff „Stil" mit charakterlicher Haltung in Verbindung bringen – und mit dem Bild einer schönen, starken, löwenmutigen Frau. Niemand denke, dass solche Tapferkeit Trauer erträglicher mache! Nur die Zeit kann diese lindern. Die Tugend der Tapferkeit kämpft nicht für den eigenen Komfort oder zur Selbstheilung, sondern für das Gute an sich. Die Haltung aber, welche sie bewirkt, dient auch dem Tapferen selbst.

Wer die dunkleren Seiten seiner Schulzeit nicht ganz verdrängt hat, versteht nun vielleicht, dass – um uns erst einmal warm zu machen für dieses schwierige Parkett – einige beispielhafte Elemente für das Wesen der Tapferkeit auch in der Geschichte der Schülerin Evelyn enthalten sind. Die noch recht jungen Mädchen fühlten sich der offenkundigen Ungerechtigkeit der Lehrerin ausgeliefert. Diese betraf nur eine von ihnen – nicht alle. Aber Kinder haben ein sehr feines Gespür für Gerechtigkeit, auch dann, wenn sie anderen versagt wird. Nie wäre man damals auf die Idee gekommen, die Vorfälle an höherer Stelle zu melden – die Vorstellung, dass eine Lehrerin „von oben" gemaßregelt werden könnte, lag damals außerhalb der Vorstellungsgrenzen. Es blieben allein die beiden Möglichkeit, sich abzufinden mit der Ungerechtigkeit oder selbst zu handeln. Die beiden Schülerinnen aus der Geschichte entschieden sich fürs Handeln. Ein anderer Ausdruck für „Tapferkeit" ist „Starkmut" – ein äußerst stilvoller Charakterzug: „Stark" kommt von „starr" und hat die Bedeutung von Unbeugsamkeit. Der – zuweilen unbewusst – intendierte Effekt von Ungerechtigkeit ist ja immer der, einen anderen zu beugen, ihn klein zu machen, zu diskriminieren. Solchem Beugen, Kleinmachen bei sich und anderen entgegentreten, benötigt innere Stärke, Festigkeit und Mut: *Fortitudo* oder Tapferkeit. Stark sein und sich trauen, gegen den Strom zu schwimmen. Mehrheitsmeinungen widersprechen, wenn diese ungerecht sind. Diskriminierungen zu benennen. Die andere Seite ist jene des Mutes. Dieser erfährt heute auch schon eine Bedeutungsverschiebung in Richtung „Tollkühnheit". Das Wort „Mut" stammt aber aus dem Altgermanischen *muod* und bedeutet *nach etwas trachten*. Darin verborgen steckt die Hoffnung nach einem guten Ausgang, wie es sich noch sowohl im positiven Sinne in *wohlgemut* und negativ in *mutlos* verbirgt: Wer mutlos ist, hat keinerlei

Hoffnung. Wer aber mutig eine Sache angeht, auch mit der realistischen Einschätzung auf wenig oder gar keinen Erfolg, hat im Hinterkopf doch irgendeine kleine Hoffnung. Sonst gäbe es keinen Anlass zur Tapferkeit, sondern nur zur dumpfen Verzweiflung. Und so war es auch bei den beiden Freundinnen: Was sie erreichen würden, war ihnen nicht wirklich klar. Dass die Täuschung für beide üble Konsequenzen zeitigen könnte, war ihnen realistisch bewusst. Sicher war für sie, dass sie etwas tun mussten. Und zwar aus dem einfachen Grund, dass hier eine massive Ungerechtigkeit vorlag. Von außen betrachtet, sind ungerechte Noten keine allzu schreckliche Sache. Aber in den Augen eines Kindes, dessen „Beruf" die Schule ist, hat es dieselbe Dimension wie exzessives Mobbing am Arbeitsplatz seitens eines Vorgesetzten, gegen den man sich nicht wehren kann. Nicht nur in Schüleraugen sind Lehrer zur Gerechtigkeit von Berufs wegen verpflichtet. Die Schüler sind geradezu abhängig von dieser Grundvoraussetzung. Die beiden Schülerinnen hatten mit dieser Einschätzung also vollkommen recht. Ob es bessere Wege gegeben hätte, mit dieser Unbilligkeit umzugehen, sei dahingestellt. Hier kommt es auf die Motivation an, die letztlich dieselbe ist, die immer wieder im Appell für „Zivilcourage" gefordert wird: Für sich und andere einzutreten, wenn Unfairness, Mobbing oder gar Gewalt im Spiel ist, erfordert Tapferkeit, manchmal sogar große. Wer sich der Gefahren realistisch bewusst ist, in die er sich begibt – sei es geärgert, verlacht, ausgegrenzt oder bestraft zu werden, sei es, in Gefahr zu geraten, wenn man zwischen die Fronten tritt – benötigt Standfestigkeit, um der Gerechtigkeit auch unter schwierigen Bedingungen zum Durchbruch zu verhelfen. Es geht dabei nicht nur um die eigenen Wunden, die so geschlagen werden, sondern um das Prinzip der Gerechtigkeit an sich. Und zwar nicht nur dann, wenn das Unternehmen erfolgversprechend ist, sondern auch, wenn es nur darum geht, das Richtige zu tun. Solche Haltung hat einfach Stil.

Evelyns Sache endete wie erwartet. Beide Mädchen wurden bestraft, beide erhielten ein schmerzhaftes „ungenügend" und noch eine Strafarbeit oben drauf. Und dennoch hatte sich etwas verändert: Alle Schüler hatten den Atem angehalten, als die beiden Mädchen gelassen aufstanden und erklärten, dass mit der erneuten „Fünf" etwas nicht stimmen konnte, weil die beste Deutschschülerin der Klasse, die noch niemals mit einer schlechtere Note als ein „sehr gut" in einem Aufsatz benotet worden war, diesen Text verfasst hatte. Die Ungerechtigkeit war ans Licht gekommen. Und die Lehrerin hatte sie gleichsam am eigenen Leib verspürt – weil auch sie mit der Aktion unangenehm betroffen war. Der Einsatz hat sich letztendlich gelohnt. Evelyns nächster, selbstgeschriebener Aufsatz wurde schließlich korrekt korrigiert – und die Note war diesmal: drei minus.

Gelassenheit – mehr als Contenance

Der New York Marathon war sein Ziel. Seit beinahe einem Jahr hielt unser Freund und Nachbar ein diszipliniertes Trainingsprogramm aufrecht, das ich als eher unsportlicher Mensch nur bewundern konnte. Täglich sparte er sich von seiner knappen Zeit die Stunden ab, welche er für die geplante Laufstrecke benötigte. Bergauf, bergab, bei Sonne, Regen und Schnee – diszipliniert schnurrte er seine Kilometer ab, Tag für Tag. Es war ihm deutlich anzusehen, wie viel Freude ihm seine sportliche Ertüchtigung machte, zu welcher die ehrgeizige Planung einfach dazugehörte. Das hochgesetzte Ziel spornte ihn an und motivierte ihn ungemein. Er plante genau, wie er vorgehen wollte: Als probeweise Zwischenetappen auf dem Weg nach New York sollten zunächst deutsche Städtemarathons dienen und wie es aussah, hatte er schon gute Chancen, mithalten zu können. Bis zu jenem Tag, an dem er seiner Frau einen schweren Wäschekorb in den ersten Stock trug. Eine falsche Bewegung, ein fieses, zirrendes Geräusch in der Kniegegend, ein brennender Schmerz – und der Traum vom Marathon musste begraben werden. Und zwar für immer. Es bedarf keiner Bemerkung, dass er den Schmerz tapfer ertrug – der ließ nach einiger Zeit nach und war bald verschwunden. Viel mehr Tapferkeit erforderte aber das Umgehen mit seinen zerstörten Plänen, mit der Gewissheit, dass es wohl nie wieder etwas werden würde mit dem Joggen und schon gar nicht mit dem Traum vom Marathon.

Der antike Philosoph Epiktet sah es stoisch: Da gibt es Dinge, die wir beeinflussen können und andere, auf die wir keinen Einfluss haben: *„Nicht in unserer Macht stehen: unser Körper, unser Besitz, unser gesellschaftliches Ansehen, unsere Stellung – kurz: alles, was wir selbst nicht in Gang setzen und zu verantworten haben."* Nur klingt das sehr viel einfacher, als es ist. Akzeptieren, dass uns Schranken gesetzt sind, die unser Geist nicht billigen will – das ist nicht allein eine Vernunftabwägung, sondern beinhaltet sehr oft eine Einschränkung, die richtig wehtut. Nicht nur im körperlichen Sinne, auch der Geist muss es verkraften, wenn der „Bruder Esel", wie Franz von Assisi seinen Körper zu nennen pflegte, nicht mehr so kann wie sein Wille es will. Dasselbe trifft auf alle anderen Unbillen des Lebens zu, die wir nicht unmittelbar beeinflussen können: Da tut sich ein gewaltiges Feld für die Tapferkeit auf. Jeder, den – ob jung oder alt – ein Gebrechen, eine Krankheit, überraschende Arbeitslosigkeit oder ein anderes Unglück ereilt, dessen Beeinflussung nicht in seiner Macht steht, welches aber sein Leben – oder auch nur einen Teil davon – empfindlich ändert, kennt das ohnmächtige Gefühl des Ausgeliefertseins an eine Situation, die höchstens gelindert, nicht aber ungeschehen gemacht werden kann.

Da ist es leicht, zu sagen: „Kann man nicht ändern, Schwamm drüber, so ist das jetzt eben". Es handelt sich um eine Verletzung des Könnens und des Wollens – und so der eigenen Integrität. Und dieser Verletzung muss man irgendwie zu Leibe rücken, will man nicht verbittern oder gar – bei einschneidenden Beeinträchtigungen – verzweifeln. Vorausgesetzt, man wünscht sich etwas Gutes vom Leben, natürlich. Und wer täte das nicht? „Geduld, Geduld, wenn's Herz auch bricht", pflegte meine Großmutter mich zu trösten, wenn ich schon mal krank im Bett lag, während meine Freunde sich gerade auf Klassenfahrt vergnügten. Ich hätte sie erwürgen können. Im deutschen Sprachgebrauch hat der Begriff ja auch leider etwas ziemlich hilflos-vergrätztes an sich: Ein lammfrommes „Über-sich-Ergehen-lassen" widriger Umstände. Sich brav abfinden mit dem Unvermeidlichen. In Wirklichkeit hat Geduld ein viel aktiveres Potential und kann geradezu eine sportliche Komponente haben: *„Geduld ist das Ausdauertraining für die Hoffnung!"*, meinte der Aphoristiker Gerhard Uhlenbruck. Aber worauf soll sich die Hoffnung eines begeisterten Läufers richten, dem sein Arzt soeben eröffnet hat, dass er nie mehr joggen können wird? Oder die des Langzeitarbeitslosen, der trotz seiner Kompetenzen keine Chancen mehr am Arbeitsmarkt hat? Auf eine Illusion?

Mitnichten. Die Hoffnung geht hin auf eine wiederzuerlangende, volle Integrität. Ein verletztes Knie kann bedeuten, nie mehr zu joggen – aber dennoch wird man wieder laufen können. Die verlorene Arbeit bedeutet nicht, dass das Leben vorbei ist. Es gibt Hoffnung – und zwar überraschenderweise selbst dann, wenn aus medizinischer Sicht jede Überlebenschance dahin ist. Die Kraft des natürlichen Lebenswillens hat es an sich, dass ein Mensch sich nicht verloren gibt. Deshalb benötigt er die Tapferkeit – zu seinem eigenen Guten. Nur, wo einer resigniert und alles ihm gleichgültig wird, benötigt er auch keine Tapferkeit mehr. Dann gibt es letztlich nur noch die Hingabe an den Tod. Und selbst von ihm hoffen die meisten – und wie die Christen sagen: zu Recht! – dass er nicht das Ende sein möge. Es geht um ein geheimnisvolles inneres Gut, welches man nicht antasten lassen will durch Verzweiflung über nicht änderbare Gegebenheiten. Und genau darauf richtet sich die Hoffnung, welche der Tapferkeit implizit ist. *„Wohl dem Menschen, wenn er gelernt hat, zu ertragen, was er nicht ändern kann, und preiszugeben mit Würde, was er nicht retten kann"*, sagte Friedrich Schiller und scheint zunächst damit eher eine bestimmte Haltung zu beschreiben, welche die Franzosen „Contenance" nennen, *„Vermeidung allen Ungestüms"* wie Adolph Freiherr von Knigge, der legendäre deutsche Stilexperte deren Sinngehalt zusammenfasste. „Contenance bewahren" heißt dementsprechend, sich nicht aufregen (oder zumindest nur im stillen Kämmerlein, wo es keiner sehen kann) oder ereifern, seiner Trauer oder Wut nicht ungezügelt freie Bahn zu lassen – tatsächlich gilt kaum etwas als stilloser, als wenn jemand öffentlich die Fassung verliert, sei es in euphorischer oder verzweifelter Form. Gleichmut hingegen gilt als elegant, stoisch und vornehm. Dabei geht es aber eher um den äußerlichen Aspekt, anderen nicht auf die Nerven zu gehen mit unkontrollierten Gefühlsausbrüchen – was ja auch wichtig ist. Bei der *Fortitudo* geht es jedoch um weit mehr als um simple Beherrschung seiner Leidenschaften. Es geht um die innere Heilung des Geschädigten selbst. Darum nämlich, dass er seine Verwundung (seelische oder körperliche) stark, realistisch und schmerzhaft in den Blick nimmt. Und dann bewusst und selbstbestimmt diejenigen Aspekte aufgibt, die durch eigene Kraft nicht zu ändern sind in der begründeten Hoffnung, dass sein Leben dennoch einen tiefen, guten Sinn hat. Solche Hoffnung ist keine Illusion, sondern sie hat performativen Charakter: Sie bewirkt, dass sich nicht Traurigkeit und Verwirrung eines Menschen bemächtigen und ihn lähmen oder in Panik versetzen. Beides zieht den Menschen auf eine Ebene hinab, die unter seiner Würde ist. Seinen Geist gleichsam offenzuhalten für hoffnungsvollen Lichtblicke, statt sich zerbrechen zu lassen von der Traurigkeit über etwas, das man nicht ändern kann – das ist das Werk der Tapferkeit. Wer auf diese Weise lernt, seinen eigenen Wert zu schätzen, trotz einer körperlichen oder seelischen Verletzung, trotz geplatzter Pläne und zerronnener Träume, den macht die Tapferkeit hellsichtig für das Gute, das seiner noch harrt.

Mein Schwiegervater verlor mit 25 Jahren im Krieg sein rechtes Bein. Er war ein ungewöhnlich gut aussehender Mann, dem – abgesehen von den Schmerzen und den physiologischen Problemen, welche die Amputation mit sich brachte – dieser Verlust sicher auch eine enorme ästhetische Belastung war. Sicher hat er oft gehadert mit seinem Schicksal. Aber die Tapferkeit, Energie und Geduld, mit welcher er sein Manko kompensierte, war einfach bewundernswert. Wer nichts von seinem Leiden wusste, wäre wohl kaum auf den Gedanken gekommen, dass er eine schwere Behinderung hatte. Indem er seine Verletzung tapfer und willentlich akzeptierte, wurden Kräfte frei, die ihm ein gutes Leben ermöglichten, das er auch wirklich genoss. Und jene kürzlich verstorbene, wundervolle Grande Dame des Stils, welche nach einem überaus gesellschaftlich aktivem Leben die letzten Jahre ihres Lebens durch schwere Krankheit ans Bett gefesselt verbrachte, sagte mir auf meine besorgte Frage, wie sie das denn nur aushalte, mit ihrem berühmt rollenden „r": „Weißt du, eigentlich ist es herrrlich, den ganzen Tag im Bett zu verbrringen. Ich schrreibe Briefe, sehe ferrn und lese – und im Bett zu essen ist wirrklich der Inbegrriff der Gemütlichkeit." Eine Situation, die andere als unerträglich bezeichnen würden, wertete sie einfach tapfer um. Und einen Moment lang beneidete ich sie sogar fast!

Den Blick fest auf das Gute zu richten, das ist der tiefste Sinn der Tapferkeit. Es ist möglich, die dazu erforderliche Haltung immer wieder neu einzuüben. Unser Nachbar, der verhinderte Marathonläufer, entdeckte schließlich das Fahrradfahren als Ausgleich für den schmerzlich vermissten Sport. Und siehe da – er träumt bereits wieder von bestimmten Herausforderungen! Die Tapferkeit, mit der er seine Einschränkung nach einigem Hadern schließlich annahm, hat ihm selbst wahrscheinlich am meisten geholfen.

Ganz wesentlich ist die Unterscheidung, welche Art der Tapferkeit gerade gefordert ist. Wie es in einem der bekanntesten Gebete heißt: „*Herr, gib mir die Gelassenheit, Dinge hinzunehmen, die ich nicht ändern kann, den Mut, Dinge zu ändern, die ich ändern kann, und die Weisheit, das eine vom anderen zu unterscheiden.*"

Im Theater des Bösen

Ein ausgemergelter, alter Mann in einem zu weiten Anzug stand vor Gericht. Er hielt seine Hose fest. *"Sie schmutziger alter Mann, was fummeln Sie dauernd an Ihrer Hose herum?"* brüllte der vorsitzende Richter Roland Freisler den Angeklagten Erwin von Witzleben an. Ein Schauprozess sollte es werden, der sich gewaschen hatte. Er hat das Ziel, die Angeklagten zu diffamieren, sie erbärmlich erscheinen zu lassen und ihre Motive zu entwerten. Gürtel und Hosenträger waren ihnen abgenommen worden, so dass ihre Hosen rutschten. Gebissträger mussten ohne Zähne antreten. Die Verteidiger sprachen kein Wort mit ihren Mandanten. Es ging hier nicht um einen Prozess. Vorgeführt sollten sie alle werden, die in irgendeinem Zusammenhang mit dem Attentat auf Adolf Hitler am 20. Juli 1944 standen. Offiziere, Rechtsanwälte, Diplomaten, Lehrer, Theologen, Priester und viele andere. Freisler führte die Verhandlung gegen die Widerstandskämpfer mit äußerster Brutalität. Er erniedrigte sie, brüllte sie an und ließ sie nicht zu Worte kommen. Mehrere versteckte Kameras des Regimes filmten diese Prozesse, die keine waren. Die Angeklagten sollten den Eindruck haben, niemals würden ihre letzten Worte an das Licht der Öffentlichkeit kommen. Daher wurden die Kameras verborgen. Verhöhnt sollten sie aber werden, vor den Augen der Welt fertig gemacht. Jeder sollte sich an ihrer Erbärmlichkeit weiden können. Alle Angeklagten waren von Tage, Wochen oder Monate andauernden Verhören der Gestapo, die vielfach mit schweren Folterungen einhergingen, geschwächt. Es würde leicht sein, ihnen auch den allerletzten Schneid abzukaufen, sie zu erniedrigen und vorzuführen. Die Urteile standen längst fest. Doch dann passierte etwas Interessantes. Die Kameraschwenks in den Zuschauerraum zeigen es auf den Originalaufnahmen: Ein ungemütliches Gefühl beschlich die linientreuen, handverlesenen Prozessbeobachter. Die goldbetressten Uniformierten, die Herren im vornehmen Zwirn kratzten sich geniert am Kopf, einige sahen beschämt in eine andere Richtung, andere wischten sich den Schweiß von der Stirn. Die krawattenlosen Angeklagten in ihren rutschenden Hosen, teils ohne Zähne und die meisten sichtbar schlotternd vor Anstrengung und Angst – sie hatten hingegen Stil. Mehr als das: Jeder von ihnen strahlte eine Grandezza aus, die vor der Folie des tobenden, brüllenden und schnaubenden Vorsitzenden geradezu phosphoriszierend wirkte. Machen wir uns einmal ein Bild von jenem „Theater des Bösen". Ulrich Graf von Schwerin, schmal, blass und selbst Jurist, wurde aufgerufen:

Freisler: *„… was Sie dem Nationalsozialismus vorwerfen?"*
Schwerin (sehr leise sprechend): „Ich dachte an die vielen Morde…"
Freisler (brüllend): „MORDE?"
Schwerin (leise): „Die im In- und im Ausland…"
Freisler: *„Sie sind ja ein schäbiger Lump. Zerbrechen Sie unter der Gemeinheit?*
(schreiend) *Ja oder nein, zerbrechen Sie darunter?"*
Schwerin: „Herr Präsident!"
Freisler (brüllt): *„Ja oder nein, auf eine klare Antwort!"*
Schwerin: „Nein."

Freisler: „*Nein. Sie können auch gar nicht mehr zerbrechen, Sie sind ja nur noch ein Häufchen Elend, das vor sich selber keine Achtung mehr hat.*"

Diesen Eindruck hatte wohl keiner im Gerichtssaal. Der einzige, der in diesem Moment Selbstachtung vermittelte, war der schmale Brillenträger, der in dem Hexenkessel von Unflat, der sich über ihn ergoss, standhaft blieb. Es war ihm anzusehen, dass er Angst hatte – und diese war vollkommen berechtigt. Wenige Stunden später hing er bereits in einer Drahtschlinge. Aber er blieb aufrecht und vermittelte ein eindrucksvolles, männliches Bild von Tapferkeit. Ebenso wie sein Mitangeklagter Adolf Reichwein, ein bekannter Sozialdemokrat und Pädagoge. Gustav Dahrendorf berichtete als Augenzeuge über dessen Vernehmung: „Reichwein begann mit ganz leiser Stimme. Er konnte nicht lauter sprechen. Die Haft mit ihren seelischen Erregungen und körperlichen Misshandlungen hatte ihm die Stimmkraft genommen. Ich konnte seine Stimme kaum vernehmen. Für Sekunden nur waren alle Blicke auf ihn gerichtet. Mich packte eine tiefe Sympathie für diesen Mann. So wie er da stand, war er das Symbol alles Menschlichen, von dem selbst in diesem Augenblick alle Qual des Leidens abfiel. Er begann von seiner Arbeit zu sprechen. Er begann – und einer Meute gleich brach es aus Freisler heraus: ‚*Menschlichkeit, menschliche Werte? – Schluss, Schluss – kein Wort mehr, Verbrecher, Verbrecher!*' Ein Orkan von brutalsten Formulierungen unterbrach die Stille, die sich für einen Augenblick – nicht mehr war es – um diesen Menschen gebreitet hatte." In höchster Bedrängnis war der völlig geschwächte, zutiefst gequälte Mann in der Lage, seine innere Größe nach außen zu tragen. Tapferkeit hat viele Gesichter. Sie sind immer klar und schön.

Ein anderer Angeklagter, Fritz-Dietlof Graf von der Schulenburg erklärte unter dem frenetischen Gebrüll Freislers: „Wir haben diese Tat auf uns genommen, um Deutschland vor einem namenlosen Elend zu bewahren. Ich bin mir klar, dass ich daraufhin gehängt werde, bereue meine Tat aber nicht und hoffe, dass sie ein anderer in einem glücklicheren Augenblick durchführen wird." Das Publikum begann, unruhig auf seinen Stühlen herumzurutschen. Keine Kundgebungen von Abscheu waren aus dem Zuschauerraum zu hören, sondern gepeinte Stille. Umso greller wurde das Geschrei des Richters. Den 43jährigen Rechtsanwalt Joseph Wirmer pöbelte er an: *„Hätten sie lieber 'ne Knarre in die Hand genommen. Wären Sie nicht auf dumme Gedanken gekommen!"* Wirmer, ein stattlicher Mann, der selbst in dieser Horrorsituation noch Autorität ausstrahlte, schüttelte stumm den Kopf, als sei der tobende Mann vor ihm ein ungezogenes Kind. Der rastete vollends aus: *„ABER NATÜRLICH! Und werden Sie hier nicht unverschämt! Mit Ihnen werden wir fertig!"* Die Raserei schien kein Ende zu nehmen. Und dann diese Worte aus dem Munde des völlig gelassen wirkenden Joseph Wirmer, der kurz darauf unter Qualen sterben musste: „Wenn ich hänge, Herr Präsident, habe nicht ich die Angst, sondern Sie". Atemlos hechelte Freisler: *„Sie werden bald in der Hölle sein!"* Wirmer gab höflich und mit einer Spur von Heiterkeit zurück: „Es wird mir ein Vergnügen sein, wenn Sie bald nachkommen, Herr Präsident."

Tapferkeit, jene Tugend, die wir heute fast ausschließlich mit blutenden Kinderknien in Zusammenhang bringen, zeigte sich hier in ihrer umwerfendsten Form. Den Männern stand ihr Schicksal klar vor Augen, sie befanden sich im Sturmauge eines Unrechtsstaates, hoffnungslos ausgeliefert. Sie waren in der Hand gefährlichster Schwerverbrecher, die alle staatliche Macht innehatten. Und dennoch brach trotz ihrer Schwäche keiner zusammen. Fast scheint es, dass sie in der unmenschlichen Situation sich sogar strafften und immer stärker wurden. Ihr Blick schien in eine unsichtbare Richtung zu gehen, auf die sich ihre Tapferkeit bezog. Einige von ihnen wirkten nahezu heiter, ohne dabei in irgendeiner Form heldenhaft zu erscheinen. Ihre Angst und Bedrängnis sah man ihnen deutlich an – und dennoch. Ihre Tapferkeit schien von etwas getragen, das mehr ist als Haltung. In abgerissen wirkender Kleidung, ohne jede „stilvolle" Stütze zeigten sie im Angesichts des Todes den innersten Kern wahren Stils: Würde. Den Höhepunkt setzte der Diplomat Hans-Bernd von Haeften, als er begann: „Nach der Auffassung, die ich von der weltgeschichtlichen Rolle des Führers habe, nämlich, dass er ein großer Vollstrecker des Bösen ist..." Zum ersten Mal bei einem der Prozesse war der „rasende Roland", wie Volksrichter Freisler genannt wurde, annähernd sprachlos. Er stammelte: *„Na ja, das ist ja nun wohl klar. Da ist also kein Wort dazu zu sagen."* Und von Haeften antwortete mit klarer, ungebrochener Stimme: „Jawohl".

Die Absicht, die Widerstandskämpfer zu demoralisieren, zu brechen und zu Propagandazwecken öffentlich der Lächerlichkeit preiszugeben, misslang grandios. Alle filmischen Mitschnitte wurden daher zur „geheimen Reichssache" erklärt. Der Reichsminister für Volksaufklärung und Propaganda Joseph Goebbels ließ verfügen, dass sämtliche Filmkopien des Schauprozesses vernichtet werden mussten. Zu gefährlich waren die wehrlosen, würdevollen Männer, die dem Bösen tapfer die Stirn geboten hatten. Eine Filmkopie blieb erhalten. Und auch wenn die Tonqualität trotz mechanischer Entzerrung des infernalischen Gebrülls des vorsitzenden Richters noch immer sehr schlecht ist, kann jeder sich noch heute im Internet, in Videos und Fernsehfilmen ein Bild davon machen, wie Tapferkeit in Person aussieht: ernst, standhaft, gelassen und zuweilen sogar ein wenig heiter.

Courage – gelebte Tapferkeit

$\mathcal{U}$nser jüngster Sohn wurde am 7. Oktober 1989, dem 40. Jahrestag der Gründung der DDR, geboren. Die bei solchen Gelegenheiten unausweichliche langweilige Militärparade die über alle Nachrichtensendungen flimmerte, bekam ich nicht zu sehen. Ich hatte anderes zu tun. Als Mutter und Baby ein paar Tage nach der Geburt nach Hause kamen, marschierten gerade die vier Geschwister des Neugeborenen feierlich im Gänsemarsch durch unser Haus und skandierten: „Wir sind das Volk! Wir sind das Volk!" Meine damals knapp zweijährige jüngste Tochter rief „Bolk!", was besonders herzig klang. Ich war amüsiert über diese Demonstration der Originalität unserer Kinder – aber wie um alles in der Welt waren sie auf ihr lustiges neues Spiel gekommen? Ich blieb nicht lange im Ungewissen. Auf allen Kanälen im deutschen Fernsehen war etwas zu sehen, was noch 20 Jahre später der Meinungsforscher Walter Friedrich als *„ein Wunder des Himmels"* bezeichnen sollte: Die friedliche, gewaltlose Revolution tapferer Menschen in der DDR, die ihren Ausgang in Leipzig fand und genau einen Monat später mit dem Fall der Mauer enden sollte. Ein Paradebeispiel des Stils, wie wir im Folgenden sehen werden.

Reinhard Bohse, einer der Teilnehmer der alles verändernden Montagsdemonstration vom 9. Oktober in Leipzig, resümierte später nüchtern: *„Es blieb uns nichts anderes übrig."* Viele Bürger hatten begonnen, mit den Füßen abzustimmen: Zehntausende waren auf Urlaubsreisen in die westdeutschen Botschaften von Ostblockländern geflohen. Unvergesslich die dramatischen Szenen im Palais Lobkowicz in Prag. Mithilfe diplomatischer Bemühungen konnten die Republikflüchtlinge schließlich in die Bundesrepublik Deutschland ausreisen. „Freiheit" war das Stichwort für jeden von ihnen – und es war eine Forderung ihrer Vernunft. Freiheit war es auch, was die zurückgebliebenen Menschen in der DDR wollten. Freiheit der Rede, des Denkens, der Versammlung – ohne Zwang und ohne Bespitzelung, ohne Repressionen und Gefahr. Und Bewegungsfreiheit – die Menschen wollten endlich reisen ohne endlose Antragsformalitäten, ohne Schikane und ohne Einschränkung. Sie wollten ihr Land nicht verlassen. Sie wollten ein ganz normales, glückliches Leben. Nicht mehr und nicht weniger. Sie forderten eine vernünftige Wende von ihrem verkrusteten Regime. Der Erfolg war jedoch kaum messbar. So konnte es nicht weitergehen.

In Leipzig fand in der evangelischen Nikolaikirche schon seit Jahren das „Friedensgebet" statt. Jeder war dazu eingeladen. Im geschützten Raum der Kirche konnte frei gesprochen werden. Bürgerrechtler, überzeugte Christen und nicht religiöse Menschen, die sich nach demokratischer Veränderung sehnten, trafen dort zusammen. Sehr verschiedene Menschen mit sehr verschiedenen Lebensläufen, Weltanschauungen und Vorstellungen. Das eine das sie einte, war ihr Wunsch nach Freiheit und Frieden. Ein Gebet wurde gesprochen, alle zündeten Kerzen an. Jeden Montag um 17 Uhr. Bald kamen mehr Menschen, als die Kirche fassen konnte. Hatte man mit einer Handvoll Teilnehmer begonnen, kamen am 11. September 1989 bereits 500 Menschen zum Friedensgebet zusammen. Eine Woche später standen bereits über 3000 Menschen schweigend mit Kerzen in den Händen vor der Nikolaikirche. Erste Festnahmen erfolgten – 39 Teilnehmer wurden von der Polizei abtransportiert und interniert. Zwei Wochen später kamen bereits 15.000 auf dem Nikolaikirchplatz zusammen. Die Polizisten warten schon auf sie: Erstmals mit Schilden ausgerüstet – und schlimmer noch: Mit Hunden. Sie machten Jagd auf die friedlichen Kerzenträger. Dem Fotografen Gerhard Gäbler gelang eines seiner berühmt gewordenen Fotos, während er vor den Verfolgern davonrannte. Er zog seinen Apparat ein Stückchen aus seiner Jackentasche und knipste, ohne zu fokussieren. Rennende Menschen in wilder Flucht sind zu sehen. Die DDR verfolgte ihre eigenen Bürger mit Hunden. In der staatskontrollierten Zeitung sollte am nächsten Tag lakonisch zu lesen sein: *„Rowdys beeinträchtigen normales Leben"*. All das ist die Vorgeschichte für jenen Tag, der die DDR schließlich ins Wanken bringen sollte: Die Montagsdemonstration in Leipzig am 9. Oktober 1989.

Der Termin war besonders prekär: gerade waren die Feierlichkeiten zum 40. Jahrestag der DDR abgeschlossen – in Leipzig hatte es hunderte von Festnahmen gegeben. Das Regime schien nicht gewillt, Widerstand hinzunehmen – nicht einmal friedlichen. Die Stadt war voller Gerüchte. Panzer seien im Anmarsch. Von einem Lazarett war die Rede, das bereits eingerichtet werde für die Verletzten der kommenden Montagsdemonstration. Von tausenden von Blutkonserven berichtete eine junge Ärztin, die vorsorglich ins Klinikum bestellt worden seien. Es hieß, hunderte von Kalaschnikows kämen in Kisten verpackt an den Polizeidienststellen an. Schlagstöcke,

Räum- und Schiebeschilde wurden verteilt, letztere mit Messern bestückt. Auch Tanklastzüge mit Wasserwerfern sollten eingesetzt werden. Selbst die Farbe sei festgelegt, mit welcher Rädelsführer gezielt angespritzt werden sollten: „Stempelblau". Die Stasi sollte so leichteres Spiel haben. Das Luftsturmregiment 40 werde mit Fallschirmjägern im Einsatz sein. Die Bevölkerung kannte nur Gerüchte, die herumwaberten, aber sie schafften Unruhe und Angst. Jeder ahnte, was die Stunde geschlagen hatte. Dirk-Michael Grötzsch, 46, heute Stabsstellenleiter für Presse- und Öffentlichkeitsarbeit in der oldenburgischen Kirche, erzählte Jahre später einer Schulklasse von dieser Zeit des Umbruchs, die er selbst als einer der Sprecher des „Neuen Forums" in Leipzig mitgeprägt hatte. Am Vorabend des 9. Oktober hatte sich dessen ganze Familie samt der alten Großmutter im Wohnzimmer versammelt, um den damals 25jährigen inständig zu bitten, nicht an der morgigen Montagsdemonstration teilzunehmen. *„Wir wussten alle, dass Soldaten, Polizisten und Betriebskampfgruppen in Alarm versetzt waren. Die Krankenhäuser mussten Betten und Operationssäle frei machen für Patienten mit Schussverletzungen. Am Stadtrand waren Rinderoffenställe zur Aufnahme Tausender zu inhaftierender demonstrierender Bürger und Bürgerinnen vorbereitet worden."*

Aber er und viele andere waren entschlossen, trotz der sich abzeichnenden Gefahr zu einer der vier Kirchen Leipzigs zu gehen, die an diesem 9. Oktober zum Friedensgebet offenstanden – und danach zu demonstrieren für die Freiheit. Alle hatten wohl die Fernsehbilder vom „Platz des himmlischen Friedens" in Peking vor wenigen Monaten im Hinterkopf, wo 2.600 Demonstranten von der chinesischen Staatsmacht rücksichtslos getötet worden waren, weil sie für die Demokratie auf die Straße gegangen waren. Führende DDR-Granden hatten dieses Vorgehen damals gutgeheißen. Stand den Leipzigern Ähnliches bevor? „*Die Angst war groß. Aber trotzdem war der Mut größer. Oder man sollte besser sagen: Die Wut! Wir wollten uns nicht mehr sagen lassen, was wir tun und denken sollten*", schrieb Kerstin W. später in das Internetforum „Damals im Osten". Menschen verfassten Abschiedsbriefe, erließen Verfügungen für den Fall, dass sie nicht mehr zurückkehren würden. Im Arte-Interview sagte ein junger Vater, er und seine Frau hätten Regelungen und Anweisungen hinterlassen für den Fall, dass ihnen etwas passieren würde: Die Kinder sollten dann von Nachbarn aufs Land zu Verwandten gebracht werden. Jedem Einzelnen war die Gefahr bewusst, in die er sich begab. Es war kein Draufgängertum, das diese Menschen antrieb. Es war die von ihnen klar erkannte Notwendigkeit, etwas zu ändern trotz schlechter Aussichten für sie selbst. Das ist es, was man Tapferkeit nennt: Trotz Widrigkeit und Gefahr Standhaftigkeit zu zeigen im Einsatz für die gerechte Sache.

Der Kulturhistoriker und Augenzeuge Prof. Dr. Bernd Lindner beschrieb detailliert die Geschehnisse dieses weltgeschichtlich bedeutsamen 9. Oktober: dass der ohnehin kleine Nikolaikirchplatz, an welchem die Demonstrationen an den vergangenen Montagen gestartet waren, bereits durch künstliche Baumaßnahmen von der Polizei verkleinert worden war. Beamte der Staatssicherheit lauerten hinter Bauzäunen und in Bauwagen. In den Nebenstraßen hatten sich Einsatzgruppen der Volkspolizei aufgestellt. Lastwagen standen bereit zum Abtransport von „zugeführten" Demonstranten. Eine gespenstische

Stimmung. Nach dem Friedengebet, das diesmal in allen großen Leipziger Kirchen stattfand, setzte sich der Zug in Bewegung. Eine gewaltige Demonstration. Es waren so viele gekommen wie noch nie. Siebzigtausend Menschen. Eine unfassbare Zahl, welche die angetretenen Polizisten und Soldaten sprachlos machte. Auch sie hatten nun Angst. Angst vor dem, was sie womöglich zu tun haben würden. Es war eine ungeahnte Dimension, die sich da auftat. Schweigend, mit Kerzen in der Hand, begann der riesige Demonstrationszug. *„Schließt euch an!"*, riefen sie. Und es wurden immer mehr, die dem Aufruf Folge leisteten. *„Keine Gewalt!"*, hieß es immer wieder. Angesprochen war nicht nur die martialisch aufmarschierte Staatsmacht – auch die Emotionen der Mitgehenden konnten zu Eskalationen führen. Viele von ihnen hatten maßlos gelitten in den Kerkern der Stasi, durch deren Bespitzelungen und Repressionen. Als der gewaltige Tross an der Stasizentrale vorbeizog, hielten alle die Luft an. Doch die übergroße Menge der so unterschiedlichen Menschen machte wahr, was sie rief: *„Keine Gewalt!"* Viele Polizisten würden später sagen, dass sie sich angesprochen gefühlt hätten. Der nicht abreißende Strom ruhiger Menschen, die Kerzen, die friedliche Stimmung von so unübersehbar Vielen – *„innerlich war ich einer von ihnen"*, sagte ein junger Polizist danach. Keiner der führenden Politiker wollte die Verantwortung für ein Massaker an der riesigen, friedlichen Schar übernehmen. Hektische Telefonate gingen nach Berlin an die Staatsführung – selbst dort wagte niemand eine Antwort. In Leipzig begann derweil eine Gruppe von Demonstranten zu skandieren: *„Wir sind keine Rowdys! Wir sind keine Rowdys!"* – und wie eine Korrektur der albernen Zeitungsnotiz vom Vortag schallte es plötzlich zigtausendfach wider, wer diese sehr verschiedenen Menschen wirklich waren: *„Wir sind das Volk! Wir sind das Volk! Wir sind das Volk!"*

Zwei junge Kameraleute, Siegbert Schefke und Adam Radomski, hatten es trotz scharfer Stasiüberwachung auf abenteuerlichen Wegen geschafft, vom Turm der reformierten Kirche in Leipzig diese größte Demonstration zu filmen, welche die DDR bis dahin je gesehen hatte. Es gelang ihnen am selben Abend, die Aufnahmen über die Grenze schmuggeln zu lassen – in der Unterhose eines Westreporters. Am nächsten Abend erschienen die eindrucksvollen Bilder in den „Tagesthemen". Sie gingen sofort um die Welt: *„Wir sind das Volk!"*, schallte es in die Wohnzimmer in West und Ost. Überall in der DDR formierten sich daraufhin friedliche Demonstrationszüge. Das eindrucksvolle Beispiel hatte Mut gemacht. Und bis hin zu meinen kleinen Kindern im Westen wiederholten Millionen staunend und begeistert diesen Ruf – viele erfasst heute dabei noch ein Kribbeln der Überwältigung und der Bewunderung angesichts der grandiosen Tapferkeit derer, die damals so viel zu riskieren bereit waren für all die Werte, auf die jeder Mensch ein natürliches Recht haben sollte. Man könnte auch sagen: Eine stilvollere Revolution ist nicht denkbar. Die Bürgerrechtlerin Gesine Ottmanns bemerkte später: *„Das war ein geheimnisvolles Zusammenwirken von Biographien und Entwicklungen. Das kann man schon als Wunder bezeichnen."* Genau einen Monat nach dieser denkwürdigen Demonstration grandiosen Stils, die unzählige Menschen für das Gute zu einen vermochte, fiel die Mauer. Die klugen, gerechten, maßvollen und tapferen Männer und Frauen der DDR hatten sie zum Einsturz gebracht. Knapp ein Jahr später waren wir ein Volk.

V. Finale

> *V. Les lanciers.*
> *Demi-grande chaîne par la main droite et révérence.*
> *Demi-grande chaîne et révérence.*
> *En avant, tournez.*
> *Chassez, croisez, tournez.*
> *Promenade.*
> *En avant huit en ligne et en arrière.*
> *Tour de main, à vos places et révérence.*

In einem nur von Kerzen erleuchteten, prächtigen Saal tanzten die Tugenden ihren Reigen: In vollkommener Harmonie wirkten sie zusammen. Sie reichten sich die Hände – gingen auseinander und trafen wieder zusammen, drehten sich, wechselten virtuos ihre Positionen, verneigten sich voreinander. Vollendete Harmonie – ein ewiger Reigen nach der Musik, welche nach Johannes Kepler der mathematischen Ordnung des Universums entspricht. Ein perfekter Tanz, stilvoll anzusehen. *„Es geht um Harmonie – sie ist das Ziel des Stils"*, das war unsere Ausgangsüberlegung gewesen – und nun konnte ich sehen, dass sie richtig war. Peinlich berührt hörte ich plötzlich meine eigene Stimme fragen: „Aber was ist denn nun eigentlich Stil?"

Ruckartig fuhr ich aus meinem Traum auf. Ich rüttelte den stilvollsten Ehemann von allen neben mir dort, wo ich seine Schulter vermutete. „Ich glaube, ich hab's!" – „Was gibt es denn? Ist schon Aufstehzeit?" kam es ächzend unter der Decke hervor. Ich sah mich um. Jedenfalls war es noch stockdunkel. Ich setzte mich auf, zog die Knie an und stützte meine Ellenbogen auf sie. „Ich glaube, ich weiß nun, was Stil ist!" Resignierend tauchte er unter dem Plumeau auf. „Gut, dann mal los", seufzte er und stützte dabei seinen Kopf auf seinen Arm. „Stil ist das, was die Menschenwürde nach außen sichtbar macht", warf ich meinem Mann die neugeborene Idee hin und beobachtete ihn dabei scharf. Er zog hörbar die Luft zwischen seinen Zähnen ein, überlegte – und schwieg. Schließlich meinte er nachdenklich: „Das muss ich erst mal wirken lassen. Ich bin ganz erschlagen. Ist das nicht ein wenig – sehr groß?" Ich erinnerte ihn an die tapferen Leute in der DDR. Ganz normale Menschen. Keine „vornehmen" Typen. Aber was für ein Stil! Oder die Gesichter der Männer des 20. Juli vor Gericht: „Da konnte man es doch sehen, oder? Sie hatten nichts „Stilvolles" mehr an sich, ihre Kleidung war abgerissen, keinerlei Statussymbole mehr. Aber sie *hatten* Stil. Oder noch besser gesagt: Würde. Man konnte es deutlich sehen!" Mein Mann setzte sich auf. „Das stimmt wirklich", meinte er. „Aber es ist schon ein ungewohnter Gedanke." Nachdem ich jedem von uns einen überdimensionalen Becher Kaffee geholt hatte, begann ich ihm darzulegen, wie alles zusammenpassen könnte.

Alle Menschen streben „von Natur aus" nach Glück. In diesem Streben trifft das Individuum auf andere Individuen, denn für sich alleine kann kein Mensch überleben. Sein Glück und das ihre muss in Einklang – in Harmonie! – gebracht werden. Aber was des einen Glück ist, kann des anderen Unglück bedeuten. Dadurch wird die Harmonie gestört. Das individuelle Streben benötigt dadurch auch von Natur aus bestimmte Grenzen, die nicht etwa das Glück einschränken, sondern es erst wahrhaft ermöglichen! Wie die dazugehörigen Schritte den Tanz erst organisch zum Tanz machen, so ermöglichen die Tugenden erst das, was dem Menschen zutiefst zugrund liegt: Dass sich aus seinem Potential auch wirklich Glück entwickelt. Denn die Möglichkeit allein ohne deren Erfüllung ist wie ein Versprechen ohne Einlösung. Es macht letztlich unglücklich: Man versucht, alles an sich zu reißen, was gut *für mich* ist, probiert alles Mögliche aus, um Erfüllung zu finden, schlägt stillos über die Stränge und verletzt oft andere Menschen ungerecht dabei. Oder schlimme Dinge passieren, auf die wir keinen Einfluss haben – und lassen uns verzweifeln, wenn wir kein Mittel dagegen wissen. Es ist also nicht so, dass die Tugenden Ideen sind, welche gescheite Menschen wie Aristoteles sich ausgedacht haben, um die tierische Natur des Menschen zu bändigen. Sondern sie stecken bereits im Potential eines jeden Menschen mit „drin". Es ist die Aufgabe unseres Lebens, sie zu entwickeln und sichtbar zu machen. Schon die antiken Stoiker hatten vom *„göttlichen Keim"* gesprochen, der jedem vernunftbegabten Wesen inne liege. „Das Göttliche" war für sie das den geordneten Kosmos durchwaltende Vernunftprinzip, der ruhende Ursprung, aus dem alles hervor geht. Im Menschen als vernunftbegabtem Wesen, so glaubten sie, liege keimhaft ein Potential jener göttlichen Urkraft, aus der alles geworden ist. Hier liegt die Verbindungslinie zwischen dem Individuum und dem Kosmos als ganzem – und zum natürlichen Streben nach umfassender Harmonie, welches dem Glück ebenso wie dem Stil zugrunde liegt.

Mein Mann drehte die halbleere Kaffeetasse hin und her. Der Jurist in ihm war nicht wirklich überzeugt. „Aber die Menschenwürde ist doch ein säkulares Postulat, aus welchem rechtsstaatlicher Schutz abgeleitet ist. Es ist nichts, was man ‚sehen' oder ‚erkennen' könnte, oder?"

Nun, das Postulat besagt, dass jeder Mensch seine Menschenwürde hat. Es sagt aber nicht, woher sie kommt. Schon Cicero wurde gefragt: *„Wodurch oder weshalb erhält ein Mensch seine Würde?"* Und seine Antwort war jener der griechischen Philosophen ganz nah: *„Weil wir alle an der Vernunft teilnehmen, an dieser Vorzüglichkeit, mit der wir die Tiere übertreffen."* Cicero scheint davon ausgegangen zu sein, dass jeder Mensch diese Würde von Natur aus hat, dass er sie aber bewahren und entwickeln muss, um sie zu *behalten*. Dazu dienten die Tugenden der Klugheit, der Gerechtigkeit, der Mäßigung und der Tapferkeit. Wer aber klug, gerecht, maßvoll und tapfer handelt, ist auf virtuose Weise stilvoll. Er handelt menschengemäß und wird dadurch nicht nur selbst glücklicher, sondern zeigt in seinen Handlungen, was „Menschenwürde" bedeutet. Nach außen sichtbar.

Schweigend wanderte mein Mann noch mal zur Kaffeemaschine und kam mit zwei neuen dampfenden Bechern zurück. „Da ist ein Haken dran", meinte er. „Unser Menschenwürdekonzept gilt doch jedem Menschen. *Jedem*. Auch dem, der kein bisschen stilvoll ist. Auch denen, die unklug, ungerecht, maßlos und feige sind. Auch den bösesten Verbrechern. Allen Menschen. Sieht man deren Menschenwürde auch?"

Das ist der Punkt: Man sieht sie dann nicht. Aber sie schlummert tief verborgen in jedem Menschen. Auch im Stillosesten. Diese Vorstellung verdankt unsere Kultur den Juden und Christen. *„Gott schuf den Menschen nach seinem Bild"*, heißt es in der Genesis. Und was das bedeutet, wurde in Jesus Christus ganz plastisch: Er war, das glauben wir Christen, die personifizierte Gottesebenbildlichkeit. Und gleichzeitig die personifizierte Menschenwürde. Er war „der Mensch" schlechthin.

Oder – um es mal ganz salopp auszudrücken: Jesus war der Stil in Person. Wenn wir ihn als Maßstab für unser Handeln nähmen, würde genau das sichtbar, was die antiken Tugenden anpeilten – *dynamis*, die dem Menschen inneliegende Kraft und Stärke und *areté*, der Superlativ von „gut" – „best of" eben. Genau das, wonach alle Menschen von Natur aus streben, um wahrhaft glücklich zu werden. Jeder hat das Potential in sich, „best of" werden! Eben so, wie das fertigentwickelte Bild dessen aussehen würde, was das unentwickelte Filmröllchen bereits enthält. Aber es ist eben auch möglich, den „Film" nicht zu entwickeln. Man kann ihn einfach ignorieren oder wegsperren am Grund seiner Seele. Und dann wird das Bild nicht sichtbar.

„Aber", meinte der Skeptiker neben mir – „warum würde jemand das tun? Ist das nicht sehr theoretisch? Ich meine, schau uns doch selbst an – wer von uns ist schon immer klug und gerecht, maßvoll und tapfer? So einfach ist das gar nicht." Und als hätte er mir meine Antwort an der Nasenspitze angesehen, kam gleich ein weiterer Einwand: „Und es liegt doch nicht nur am Willen! Viele haben so schlechte Voraussetzungen, mangelnde Erziehung, furchtbare Umstände – der Firnis der Zivilisation ist ja bekanntlich sehr dünn! Und sei ehrlich: Sind wir nach deinen Maßgaben nicht alle ständig furchtbar stillos?" Ich stimmte ihm vorbehaltlos zu.

Was aber, wenn hinter der Vernunft des geordneten Kosmos ein liebender Gott steht, der den Menschen ihren freien Willen gegeben hat, wohl wissend, dass sie ihn einerseits zum Guten, das sie glücklich macht, nutzen können, aber ebenso, um egozentrisch und stillos zu sein? Weil er keine Marionetten wollte, sondern freie, selbstbestimmte Geschöpfe? Ein Gott, der als Garant dafür einsteht, dass kein Potential dieser Würde verloren geht, bis zum Schluss? Es müsste ein Gott sein, der wie ein guter Vater ist, der jedes seiner Kinder wirklich liebt, auch wenn sie leider zu erheblicher Stillosigkeit – um das Mindeste zu sagen! – neigen. Und genau diesen Gott hat Jesus verkündet: „Gott *ist* Liebe".

Mein Mann räusperte sich ein wenig und setzte dann zum besten Argument von allen an: „Ich meine, wenn deine These stimmt, dass ‚Stil' einen direkten Bezug zum Ursprung von allem hat, und dieser Ursprung die Liebe ist, dann müsste Stil doch vor allem etwas mit Liebe zu tun haben, oder?"

Ich schlug mir mit der flachen Hand an die Stirn. Natürlich! Das würde erklären, warum auch durchaus „vornehme" Menschen zuweilen sehr stillos und gegen Einheit und Harmonie gerichtet sind. Vornehm geht die Welt zugrunde! Wer egozentrisch um sich selbst kreist, kann nicht gleichzeitig lieben. Und dieses Kreisen um das eigene Ego ist wohl keinem Menschen fremd. Auf diese Weise können selbst die Tugenden zu ihrem Zerrbild mutieren: Klugheit ohne Liebe wird dann zu Schläue, Gerechtigkeit zu Härte, Mäßigung zu krampfhafter Beherrschung und Tapferkeit zu Draufgängertum. *Intelligentes Selbstmarketing*" wird das dann in sogenannten „Stilratgebern" genannt. Wenn hingegen das Maß allen Stils die Liebe ist, wäre sie auch das Unterscheidungskriterium, was *wirklich* stilvoll ist. Aber wer kann schon immerzu lieben? Wäre das nicht ein ungeheuer kitschiges Stilkriterium? Es kann sich dabei jedenfalls unmöglich um romantische „rosa-Wölkchen"-Vorstellungen von „Liebe" handeln. Liebe aus dem Ursprung müsste untrennbar an die strenge, den Kosmos ordnende Vernunft geknüpft sein. Sie müsste Klugheit, Gerechtigkeit, Maß und ja,

auch Tapferkeit beinhalten, die selbst den Tod in Kauf nimmt – für das geliebte Gegenüber.
Und dann erinnerte ich mich endlich an diesen Text, der ganz genau beschreibt, was das Wesen der göttlichen Liebe ist, deren Keim der vernunftbegabte Mensch – jeder einzelne! – als Menschenwürde in sich trägt und nach außen sichtbar werden lassen kann, wenn er sie verwirklicht. Ich eilte an mein Bücherregal, zog das dickste Buch darin heraus, schlug es beim 1. Korintherbrief auf, kletterte zurück in unser Bett und las dem geduldigsten Ehemann von allen aus dem zeitlosen, ewigen Stilbuch vor:

Die Liebe ist langmütig,
die Liebe ist gütig.
Sie ereifert sich nicht,
sie prahlt nicht,
sie bläht sich nicht auf.
Sie handelt nicht ungehörig,
sucht nicht ihren Vorteil,
lässt sich nicht zum Zorn reizen,
trägt das Böse nicht nach.
Sie freut sich nicht über das Unrecht,
sondern freut sich an der Wahrheit.
Sie erträgt alles,
glaubt alles,
hofft alles,
hält allem stand.
Die Liebe hört niemals auf.

Pia Theresia Bühler
Die Tugenden
Werte zum Leben

Tugenden sind wieder gefragt. Pia Bühler stellt die Kardinaltugenden Klugheit, Gerechtigkeit, Tapferkeit und Maß vor und ordnet ihnen andere Tugenden wie Höflichkeit, Ausdauer und Dankbarkeit zu. Ein Leitfaden für ein gelungenes Leben.

ISBN: 978-3-936484-25-0
Kt., 128 Seiten

Jörg Müller
Die Kunst der Vergebung
Wie Verletzungen der Seele geheilt werden können

Nicht selten können wir Kränkungen und seelische Verletzungen nur schwer verzeihen, oder wir können uns selbst nicht vergeben. Verbitterung und seelische Verhärtung sind die Folgen. Jörg Müller führt in „Die Kunst der Vergebung" ein und zeigt, wie man sich selbst und andere annehmen und dadurch selbst frei werden kann.

ISBN: 978-3-86744-006-6
Kt., 160 Seiten

www.sankt-ulrich-verlag.de

Sankt Ulrich Verlag